PRÉCIS

DE

L'ANCIEN DROIT

COUTUMIER FRANÇAIS.

Paris. — Typographie de Firmin Didot frères, rue Jacob, 56.

PRÉCIS

DE

L'ANCIEN DROIT

COUTUMIER FRANÇAIS,

PAR

M. CHARLES GIRAUD,

MEMBRE DE L'INSTITUT, CONSEILLER D'ÉTAT,
ANCIEN MINISTRE DE L'INSTRUCTION PUBLIQUE ET DES CULTES.

PARIS,

AUGUSTE DURAND, LIBRAIRE,

5, RUE DES GRÈS.

1852.

PRÉCIS

DE

L'ANCIEN DROIT

COUTUMIER FRANÇAIS.

INTRODUCTION.

Je ne veux point traiter ici de l'origine des nombreux statuts, qui ont régi, pendant les siècles passés, les diverses provinces ou villes de ce pays ; en général, ils provenaient, non d'une autorité supérieure, mais de la pratique ancienne des populations, et de là le nom de *coutumes* leur est resté. Ce n'est pas non plus le lieu de rechercher comment le droit romain fut jadis modifié, dans notre France, par la juxtaposition du droit germanique, après les invasions et le démembrement de l'empire ; comment, à leur tour, les coutumes germaniques s'imprégnèrent de droit romain, surtout à l'époque de la rénovation des études, et à partir du treizième siècle ; comment enfin, dans chaque État, seigneurie, ou commune, la fusion des races, des habitudes et des intérêts amena la fusion des lois et des statuts en un seul statut territorial commun à tous les habitants. La réduction des coutumes à l'unité communale ou seigneuriale a commencé plus tôt ou plus tard, selon les lieux ; mais nous trouvons un mouvement général décidé dès le onzième siècle ; il se manifeste avec puissance au douzième ; il prend, au treizième, un immense développement ; et, depuis lors, chaque siècle a été marqué par une révolution, qui était un pas nouveau vers la transformation de la multiplicité des lois en une loi unique, comme la monarchie et la nation.

L'ordonnance de 1453 a été l'un des actes les plus signalés parmi cette série d'actes du pouvoir royal qui ont consommé l'œuvre de centralisation, but constant et incessant des efforts de nos rois, depuis bien des siècles. La rédaction des coutumes avait précédé, dans un grand nombre de villes et de provinces, les prescriptions de l'ordonnance de 1453 ; mais son objet véritable était moins peut-être la rédaction des coutumes non écrites, que la fusion des coutumes diverses en une grande et seule loi. Ce dessein fut en partie exécuté par la réformation successive des coutumes primitives, opérée, pendant le cours du seizième siècle, sous l'influence directe de magistrats éminents, délégués par le roi et tirés du parlement de Paris. Les anciennes coutumes provinciales reçurent alors une plus forte part de droit romain et furent ramenées, autant qu'on le put, au type de la coutume de Paris, qui devint ainsi une sorte de droit commun du royaume pour tous les cas non prévus par les statuts locaux.

Mais il restait dans le royaume une division profonde entre ce qu'on nommait les pays de droit écrit et les pays de coutume. Les uns et les autres étaient en vérité gouvernés par des coutumes ; mais, dans les uns, le droit romain avait une étendue d'autorité qu'il n'avait pas conservée dans les autres, quoique pourtant le droit romain eût été reçu, dans tous les pays de coutumes, comme la source de règlements considérables ; par exemple dans la matière des obligations. Cette division de la France, en pays de coutume et de droit civil, faisait d'un seul royaume deux parts à peu près égales, et dans certaines matières, par exemple dans le droit des mariages, elle entretenait des diversités profondes dont la trace subsiste encore et n'est pas prête à s'effacer. Il y avait donc dans l'État, au-dessus de la variété des coutumes, comme deux droits communs généraux : le droit commun du midi de la France, ou des pays de droit écrit, et le droit commun du nord, ou des pays de coutume. Les coutumes générales étaient encore une sorte de droit commun des duchés, comtés ou communes, auquel il était dérogé en des points spéciaux par des coutumes locales [1].

Je me propose de donner un exposé succinct, mais complet et méthodique, de notre droit coutumier dans son dernier état et à la veille de la révolution de 1789. Je suivrai, dans cette analyse, l'ordre du Code civil, adopté déjà, au moins dans ses traits principaux, par la plupart de nos auteurs anciens et par plusieurs coutumes.

---

1. Voy. la collection à peu près complète des coutumes générales et locales du royaume, publiée par Bourdot de Richebourg, Paris, 1724, 4 vol. in-fol. L'auteur n'a recueilli en général que les coutumes en vigueur de son temps, ou les coutumes anciennes qui étaient le plus souvent citées. Les coutumes des douzième, treizième et quatorzième siècles sont éparses dans des publications particulières, ou encore inédites.

LIVRE I. — DES PERSONNES.

Sect. 1. — *Division des personnes jouissant des droits civils.*

Loysel consigna avec quelque orgueil dans ses Institutes coutumières cette maxime : « Toutes personnes sont franches en ce roïaume : et si tost qu'un esclave a atteint les marches d'icelui, se faisant baptizer est affranchi [1]. » Mais cette règle n'était vraie qu'au regard de l'esclavage proprement dit ; elle n'étreignait pas le servage, et jusqu'à la révolution une division fondamentale partageait les personnes en personnes libres et personnes sujettes à condition servile. Au-dessous de cette première division, dont le progrès de la civilisation avait circonscrit l'effet dans un petit nombre de provinces, les personnes se divisaient en nobles et roturiers, en regnicoles et aubains, et l'on peut ajouter en légitimes et en bâtards, puisque la bâtardise constituait une incapacité civile. Nous n'avons pas à mentionner une autre distinction fondée sur le culte religieux, puisqu'elle n'est pas relevée dans les coutumes et qu'elle dérive soit du droit romain et canonique, soit des ordonnances royales. Nous allons passer en revue ces diverses classes de personnes, en remontant successivement de la condition servile à celle d'homme libre et noble.

1° *Des personnes sujettes à condition servile.* — Aux coutumes générales du pays et duché de Bourgogne, chapitre des mainmortes (ch. IX) on lit : « Au duché de Bourgogne n'a nuls hommes *serfs de corps.* » Cette disposition se retrouve expressément dans toutes les coutumes qui, sous des noms divers, ont conservé le servage [2]. Comme l'antique maxime consignée par Loysel, elle avait pour objet d'exprimer la suppression de l'esclavage, institution peu convenable, disent les auteurs, à la loi du christianisme et à la liberté et franchise de la nation française. On rapportait généralement le servage à des conditions apposées à l'affranchissement des anciens esclaves, et cette explication, que la science moderne ne peut accepter qu'en partie, était si complétement et si universellement reçue, que l'une des dénominations

---

1. Nº VI, liv. I, tit. I, édition Dupin et Laboulaye, 1846.
2. Nivernais, Marche, Champagne, Vitry, Auvergne, Châteauneuf, Troyes et Bourgogne.

les plus usitées pour désigner les serfs était celle de gens *conditionnés*. Ces conditions, partout très-rudes, n'étaient pas uniformes. On distinguait, parmi les serfs, les mortaillables, les gens de poursuite, les taillables à volonté et les abonnés. Le droit de mortaille conférait au seigneur le droit de succéder, soit à tous les biens meubles et immeubles, soit aux meubles seulement, délaissés par l'homme de condition servile décédé sans enfants ou parents lignagers de même condition, communs ou demeurant avec lui. Les gens taillables étaient ceux sur lesquels le seigneur pouvait imposer taille à volonté : ils étaient aussi nommés *gens de poursuite*, parce que cette taille les suivait en quelque lieu qu'ils allassent se réfugier. Indépendamment de cette mesure, il existait contre leur évasion une règle qui rappelle les principes appliqués par le droit romain à l'esclave fugitif : ils ne pouvaient transférer leur domicile hors de la terre de leur seigneur, sous peine de saisie de tous leurs biens, et sans préjudice du droit du seigneur de les poursuivre et réclamer en tous lieux. Aucune prescription ne pouvait les protéger contre l'exercice de ce droit, dont l'histoire a conservé plus d'un exemple fameux. La condition des abonnés n'était meilleure qu'en ce que la taille, à laquelle ils étaient soumis, n'était pas abandonnée à la fixation arbitraire du seigneur, mais réglée par un abonnement consenti par eux : les mesures de répression et de correction étaient d'ailleurs les mêmes.

Une règle commune à tous les hommes de condition servile leur défendait de prendre femme franche et sujette à autre seigneur, sans le consentement du seigneur. La peine de la contravention était une amende de soixante sols et de plus la confiscation du tiers des meubles et immeubles (*droit de formariage*). Deux dispositions en outre garantissaient les intérêts du seigneur, même consentant, contre les effets désavantageux qui auraient pu résulter pour lui de cette union : la première, qu'*en lien et condition de mainmorte* (mariage de deux personnes de condition servile) *l'enfant ensuit la condition du père, et non de la mère;* la seconde, qu'*en cas de formariage* (mariage d'une personne libre avec une personne de condition servile), *le pire emporte le bon.* Cette dernière règle n'était pas générale, et malgré les termes amphibologiques de la coutume de Bourgogne, on s'accorde à reconnaître que, d'après elle, l'enfant suivait dans les deux hypothèses la condition du père. La coutume de Troyes et quelques autres lui font suivre, au contraire, la condition de la mère, comme le voulait le droit canonique ; mais les coutumes du Bourbonnais et du Nivernais statuaient que l'enfant suivrait le côté serf.

Le principe, que le serf ne pouvait, par sa seule volonté, changer sa condition, entraînait, comme conséquence nécessaire, qu'il ne pouvait se faire clerc, sans le consentement de son seigneur. Cependant l'engagement dans les ordres ou la profession faite par le serf n'étaient pas frappés de nullité, comme les lois romaines l'avaient ordonné à l'égard de l'esclave ; il restait prêtre ou religieux, mais en même temps il demeurait soumis, envers le seigneur, à toutes les charges de la condition servile, à la seule exception des corvées et du travail corporel. L'Église, au temps même de sa plus grande puissance, n'avait jamais osé ou voulu aller au delà.

Dans l'ancienne constitution juridique de la France, toute condition des personnes était mêlée à une condition analogue des terres. Ainsi aux personnes mortaillables correspondaient des héritages mortaillables aussi, que les serfs ne pouvaient vendre, donner, hypothéquer, en un mot aliéner entre-vifs, qu'à des personnes de même condition, sujettes non-seulement au même seigneur, mais à la même terre. Cette disposition, quelque rigoureuse qu'elle fût, laissait au moins une certaine sphère d'action à la personnalité juridique des serfs : mais cette action s'arrêtait au moment de leur mort, et, tandis que la loi commune laissait vivre la personne juridique des autres citoyens au delà du tombeau, les mortaillables cessaient d'être juridiquement, au même instant où ils cessaient d'être physiquement. Suivant la plupart des coutumes où le servage était admis, ils ne pouvaient tester que jusqu'à cinq sols ; quelques-unes seulement étendaient leur faculté de tester jusqu'à soixante sols. La succession *ab intestat* elle-même n'était ouverte qu'en faveur des héritiers *vivant en communauté de biens avec eux ;* si cette condition n'était pas remplie, le seigneur leur succédait, même à l'exclusion des enfants mariés hors la maison de leurs père et mère. Enfin l'affranchissement du serf rompant le lien qui le rattachait au seigneur, et par lui à son héritage, la coutume de Nivernais statuait (ch. VIII, art. 26) que si l'homme ou femme *de condition* devenaient francs par priviléges, manumission ou autrement, leurs héritages mouvants de la servitude, *ipso facto*, adviendraient à leur seigneur.

2° *Des aubains*. — Les aubains se rattachent naturellement aux serfs, non-seulement par la nature même de leur condition juridique, mais encore par le principe d'où l'on partit à leur égard. Comme les serfs, en effet, on peut dire que les aubains sont des esclaves affranchis, puisque le droit primitif, emprunté par le moyen âge à l'antiquité païenne, condamnait les étrangers à l'esclavage. Le premier progrès consista à substituer à l'esclavage le servage ; le deuxième, à limiter successivement la loi du servage jusqu'à reconnaître aux aubains la capacité juridique dérivant du droit des gens ; le troisième, à les investir même de la capacité civile. Ce dernier progrès, il était réservé à la révolution de l'accomplir ; tout l'effort de la civilisation s'était arrêté jusqu'alors à la proclamation de ce principe : *Les aubains vivent comme libres et meurent comme esclaves*. Ce sont les conséquences et les limitations de ce principe que nous devons passer rapidement en revue.

La liberté reconnue aux aubains, leur vie durant, n'était pas cette liberté absolue, qui confère une pleine capacité juridique. Non-seulement ils étaient exclus de toute espèce de droits politiques ; mais, dans la sphère du droit privé lui-même, leur capacité était restreinte en plus d'un sens, et le droit coutumier avait adopté, tout exprès pour eux ce semble, la distinction du droit romain en *jus civile* et *jus gentium*. Ils pouvaient se marier, acheter, vendre, louer, prêter, faire en un mot tous les actes, tous les contrats du droit des gens, même donner et recevoir entre-vifs, pourvu que ce ne fût pas en fraude du droit d'aubaine ; mais du moment qu'un acte entre-vifs eût été de nature à leur conférer une position politique, il leur était interdit. Ainsi ils ne pouvaient acquérir un office royal, un fief de dignité, ni même un bénéfice. Ils pouvaient ester en jugement, mais en donnant caution de payer les frais, lorsqu'ils étaient demandeurs contre un regnicole. Ils étaient exclus du bénéfice de cession de biens, et, suivant la plupart des auteurs, de celui de restitution.

Mais la principale incapacité des aubains portait sur la transmission de leurs biens après leur décès. Incapables de tester, soit absolument, soit, comme les serfs, au delà de cinq sols, ils n'avaient pas d'héritiers *ab intestat*, sauf leurs enfants nés dans le royaume et leurs autres parents regnicoles. Les parents regnicoles étaient considérés comme ayant sur leur succession un droit acquis, à ce point que les parents naturalisés, quoique plus proches en degré, n'étaient appelés qu'à leur défaut ; et l'on en donne pour raison, que *le roy n'accorde aucunes lettres de natura- lisation que sauf le droit d'autruy*. A défaut d'enfants et parents nés dans le royaume ou naturalisés, la succession tant mobilière qu'immobilière de l'aubain était attribuée au roi, et cette attri- bution constitue proprement le *droit d'aubaine*. Le roi n'était primé, dans l'exercice de ce droit, que par les seigneurs apana- gistes ; les seigneurs hauts justiciers, qui y avaient prétendu et qui en avaient joui longtemps, en avaient été dépouillés définiti- vement, à moins qu'ils n'eussent titre et privilége exprès du roi. Ce droit d'aubaine s'exerçait sur les biens des étrangers *qui étaient venus s'habituer en ce royaume*, c'est-à-dire qui avaient établi leur domicile en France. Il ne frappait pas ceux qui ne faisaient que passer dans le royaume, sans intention de s'y fixer, ni les ambassadeurs et marchands fréquentant les foires. Cependant l'exception ne portait que sur la succession mobi- lière ; les immeubles qu'auraient acquis ces étrangers restaient soumis au droit d'aubaine. — Pour être affranchi de ce droit, il fallait en général avoir obtenu des lettres de naturalité, enre- gistrées en la Chambre des comptes. Cependant les Suisses en étaient exemptés par privilége de nation ; et les Navarrais, Fla- mands et Savoyards, qui *avaient fait autrefois partie du royaume*, n'avaient besoin, pour jouir des droits et priviléges des Français, que de *lettres de déclaration de naturalité*, par lesquelles le roi les avouait et reconnaissait pour ses sujets.

Ce qui précède suffit pour donner une idée de la condition des étrangers en France et des moyens qui leur étaient offerts pour acquérir la jouissance des droits civils. Les Français per- daient à la fois cette jouissance et leur qualité, lorsque, établis en pays étranger avec leur famille, ils y résidaient pendant un grand nombre d'années, ou qu'ils y étaient naturalisés. Dès lors, ils étaient assimilés entièrement aux aubains, et les biens qu'ils possédaient en France au moment de leur décès étaient soumis au droit d'aubaine. Cependant, pour recouvrer la qualité de Français et la jouissance des droits civils, il leur suffisait de revenir en France dans le dessein d'une perpétuelle demeure, sans qu'ils eussent besoin de lettres du prince. Il en était de même à l'égard des enfants d'un Français nés hors du royaume : revenant en France avec leur père pour y établir leur demeure, ils jouissaient avec lui des droits de Français ; mais ils avaient besoin de lettres de naturalité, lorsqu'ils revenaient sans leur père, de son vivant ou après son décès. La femme française, mariée à un étranger, en pays étranger, n'était pas réputée aubaine, quelque longue que fût sa résidence hors du royaume. Elle recueillait les successions qui pouvaient lui échoir en France, parce qu'on lui supposait aisément l'intention de revenir dans sa patrie, si elle tombait en viduité.

Plusieurs des dispositions qui précèdent ne sont pas consignées expressément dans les coutumes ; mais elles étaient entrées dans la théorie et dans la pratique, et faisaient partie intégrante du droit coutumier à l'époque où nous l'étudions.

3° *Des bâtards.* — Leur condition était bien loin d'être uniforme dans tout le pays coutumier. Tandis que la plupart des coutumes avaient fini, de progrès en progrès, par leur reconnaître la pleine capacité du droit des gens et du droit civil, il en restait un certain nombre, qui, plus lentes à se mettre au pas, leur déniaient la faculté de tester, soit d'une manière absolue (Bourbonnais), soit pour ce qui est des immeubles (Bretagne, Lille). Plusieurs coutumes leur refusaient également le droit de recevoir des donations de leurs père et mère, tandis que le plus grand nombre autorisaient les donations, même universelles, entre-vifs ou testamentaires, faites par les père et mère à leurs bâtards. C'était du reste un principe général, que les bâtards n'avaient d'autre famille que celle qu'ils fondaient eux-mêmes par un mariage légitime ; et à ce principe, plutôt qu'à une incapacité proprement dite, se rattache la disposition suivant laquelle ils ne pouvaient hériter d'aucun parent ascendant ou collatéral, fût-ce leur père ou leur mère, ni leur transmettre leurs biens. Ils avaient seulement le droit de réclamer des aliments de leur père, s'ils n'étaient autrement pourvus, et l'on reconnaissait généralement que ce droit appartenait même aux enfants adultérins et incestueux. C'était une règle que les canonistes avaient fait prévaloir sur l'opinion contraire des romanistes. Quant à la transmission des biens des bâtards après leur mort, s'ils ne laissaient ni enfants ni descendants légitimes, ils étaient acquis par droit de déshérence au roi, ou au seigneur dans la haute justice duquel ils étaient nés, domiciliés et décédés. Il faut encore mentionner peut-être, parmi les incapacités civiles qui frappaient les bâtards, la défense qui était faite aux enfants

naturels de nobles, de prendre le nom et les armes de leur père,
à moins qu'à leur reconnaissance ne se joignissent des lettres de
noblesse dûment enregistrées [1] ; et, même dans ce cas, l'écu
devait être *brisé* d'un signe indiquant la bâtardise : telle était, du
moins, la pratique ancienne et générale de la noblesse française
et titrée.

La tache de la bâtardise, qui, outre ces effets civils, entraînait, dans l'ordre religieux, l'exclusion des ordres et de la possession de bénéfices, atteignait également les enfants nés hors
mariage et ceux nés dans un mariage nul, sauf, dans ce dernier
cas, les effets de la bonne foi de leurs père et mère ou de l'un
d'eux, au moment de la conception. Par contre, la présomption
de paternité, admise par toutes les législations, protégeait tout
enfant né pendant le mariage. La déclaration postérieure du
père et la confession de la mère n'auraient pas prévalu sur cette
présomption, même si elles avaient été suivies d'une conviction
d'adultère, excepté le cas d'une absence légitime. C'est à peu
près le système du droit romain, conservé également par le Code
civil, et qu'on ne saurait abandonner sans s'exposer à de grands
désordres.

L'ancien droit français avait, comme le droit romain, deux
moyens pour relever les enfants naturels de leur incapacité : la
légitimation par mariage subséquent, et celle par lettres du
prince ; mais la première avait seule un plein effet, tandis que
la seconde, d'ailleurs peu fréquente dans la dernière période du
droit coutumier, n'avait, comme nous le verrons tout à l'heure,
qu'une efficacité très-restreinte.

Le mariage des père et mère donnait tous les droits d'enfants
légitimes aux enfants naturels nés auparavant, sans que le consentement de ceux-ci fût nécessaire, et pourvu qu'à l'époque de
leur conception il n'y eût aucun empêchement dirimant au mariage. C'est dire assez que le bénéfice de la légitimation ne pouvait être acquis aux enfants incestueux et adultérins ; plusieurs
coutumes en avaient fait une disposition expresse. La légitimation
s'opérait *ipso facto*, à l'égard des enfants *baptisés sous le nom de
leur père et de leur mère ;* pour les autres, il fallait une reconnaissance qui s'opérait, soit par leur *mise sous le poêle,* soit par une
mention faite dans le registre des mariages de l'Église. Cepen-

---

1. C'était la disposition expresse d'une ordonnance de Henri IV, de l'an 1600.

dant, on tenait que ces conditions n'étaient pas requises absolument, et que toute autre preuve de la filiation y aurait suppléé. La légitimation profitait d'ailleurs, non-seulement à l'enfant naturel lui-même, mais encore à ses descendants procréés en légitime mariage.

Les lettres de légitimation avaient, suivant la jurisprudence des parlements, un effet extrêmement restreint. Tandis que plusieurs coutumes admettaient expressément les bâtards *légitimés par le roi* à succéder à leurs père et mère (Sens, Auxerre, Normandie), les parlements jugeaient uniformément qu'ils n'avaient pas ce droit, alors même que les lettres de légitimation auraient été obtenues du consentement des père et mère, et avec la clause formelle de leur succéder. Les enfants légitimes et les parents collatéraux pouvaient toujours les exclure de la succession de leur père ou mère, même s'ils avaient consenti à la délivrance des lettres de légitimation. Enfin, on allait jusqu'à décider que les enfants légitimés par lettres du prince ne succédaient pas entre eux. On conçoit que, dans ces conditions, les lettres de légitimation devaient être très-rarement demandées : aussi tous les auteurs du siècle dernier s'accordent à dire qu'elles étaient peu usitées, et le Code civil, en supprimant ce mode de légitimation, n'introduisit pas dans nos lois une innovation aussi importante que quelques personnes l'ont pensé.

4° *Des nobles.* —Il nous resterait, pour terminer ce qui concerne la division des personnes, à insister sur la grande distinction des nobles et des roturiers ; mais, cette distinction produisant ses effets dans toutes les branches du droit, nous ne pourrions l'étudier ici sans toucher à des matières qui ne peuvent être bien comprises que dans leur ensemble, et sans tomber dans des redites continuelles. Nous exposerons seulement à quelles conditions étaient attachées l'acquisition et la perte de la noblesse, et quelles prérogatives générales elle conférait.

A l'époque de la révolution, comme dans les siècles précédents, on distinguait deux classes de nobles : les nobles de race, et ceux qui devaient leur noblesse à des lettres d'anoblissement ou à la possession de grandes charges et dignités. La noblesse de race et la noblesse par lettres étaient partout héréditaires : elles se transmettaient aux descendants par mâles nés en légitime mariage. Dans quelques coutumes seulement, la mère noble transmettait sa condition à ses enfants (*le ventre anoblit*); et en Champagne, par un privilége tout spécial, la femme noble anoblissait même son mari roturier. La noblesse attachée à l'exercice ou à la possession de certaines charges ou dignités était, en général, personnelle : elle ne devenait héréditaire que lorsque cette charge ou dignité avait été possédée successivement par l'aïeul et le père du titulaire. Cependant, certaines charges conféraient au premier titulaire une noblesse héréditaire : c'étaient celles de secrétaire du roi, de président, conseiller, avocat et procureur général, greffier en chef et secrétaire de la cour de parlement. Par contre, la simple possession d'un fief avait cessé, depuis longtemps, de conférer la noblesse, soit personnelle, soit héréditaire.

La femme roturière mariée à un homme noble n'acquérait pas, en général, la noblesse. Cependant, d'après la plupart des coutumes, les veuves de nobles jouissaient des droits et prérogatives de la noblesse, tant qu'elles demeuraient en viduité; mais au fond elles n'en restaient pas moins roturières, et leur succession se partageait roturièrement. En sens inverse, la femme noble, mariée à un roturier, ne perdait pas la noblesse par le fait de ce mariage : la noblesse était seulement en suspens tant que vivait le mari; mais, à la mort de ce dernier, elle revivait, avec tous ses effets, par la seule déclaration faite par la femme, devant le juge compétent, qu'*elle entendait de là en avant vivre noblement.* C'était la disposition expresse de la coutume de Châlons et de plusieurs autres, et elle avait prévalu sur l'opinion de Loyseau et de Chopin, qui exigeaient, dans ce cas, des lettres de réhabilitation.

La noblesse se perdait, 1° par actes dérogeants [1]; 2° par l'exercice des charges dérogeantes; 3° par la profession d'arts mécaniques; 4° par l'effet d'une condamnation capitale. Une fois perdue, elle ne pouvait être recouvrée que par des lettres de réhabilitation.

Parmi les priviléges de la noblesse qui ne trouveront pas mieux leur place dans la suite de cet exposé, nous mentionnerons seulement les suivants [2] : 1° Ils pouvaient seuls posséder autrefois des fiefs et autres biens nobles; 2° ils étaient exempts des tailles

---

1. Trafic de marchandises, par exemple, excepté le trafic en gros sur mer, suivant l'édit d'août 1669.

2. Voy. Ferrière, *Nouvelle institution coutumière*, t. I, p. 60 et suiv.

et autres droits ou subsides imposés seulement aux roturiers; 3° ils ne plaidaient, s'ils ne voulaient, que par-devant les baillis, sénéchaux et juges présidiaux, à l'exclusion des juges royaux inférieurs; 4° ils ne pouvaient être poursuivis criminellement en première instance que par-devant les baillis et sénéchaux, à l'exclusion des juges inférieurs; 5° en cas d'appel, ils pouvaient être jugés en la grand'chambre, les chambres assemblées, s'ils requéraient avant qu'on eût commencé à opiner.

Sect. II. — Puissance paternelle.

Nous devons être très-bref sur cette matière, qui était loin d'avoir, sous l'empire du droit coutumier, l'importance que lui donnaient les lois romaines. La règle générale, en effet, était que la puissance paternelle n'avait point lieu en France; elle était remplacée, après le décès de l'un des époux, par la garde-noble ou bourgeoise, que nous étudierons dans la section suivante. Quelques coutumes cependant admettaient la puissance paternelle, avec son effet ordinaire de faire acquérir au père les biens échus aux enfants, au moins les biens meubles et les fruits des immeubles. Ces coutumes défendaient également aux enfants de contracter mariage sans le consentement de leur père et mère; ce qui fut généralisé ensuite par l'ordonnance de 1639. Mais la puissance paternelle ne durait que jusqu'à ce que l'enfant eût atteint l'âge de vingt-cinq ans, ou même, en quelques lieux, de vingt ans accomplis. Elle s'éteignait en outre par la mort naturelle ou civile, et par l'émancipation de l'enfant. Cette émancipation était expresse ou tacite. La première se faisait par-devant le juge ordinaire, par la seule déclaration du père, qu'il mettait l'enfant hors de sa puissance. Quelques coutumes cependant (par exemple, Paris) exigeaient des lettres du prince, tandis que d'autres se contentaient d'une déclaration faite par le père par-devant notaires. L'émancipation résultait de l'établissement du fils de famille dans quelque charge ayant fonction publique, dans un trafic ou profession particulière, ou dans un domicile séparé (feu et lieu font émancipation); elle résultait encore de son admission dans les ordres sacrés, et de son mariage contracté légitimement. Au sujet de cette dernière cause d'extinction de puissance, il faut noter que, quoique totalement inconnue au droit romain, elle était appliquée dans les pays de droit écrit compris dans le ressort du parlement de Paris. Le Code civil en a fait la loi commune de la France.

SECT. III. — *Garde-noble ou bourgeoise.*

Cette institution se retrouve, sous des noms divers, dans presque toutes les coutumes. Avec les dénominations primitives de mainbournie, mainbour, on rencontre celles de gouverneur, légitime administrateur, régenteur ; mais les deux dénominations les plus ordinaires sont celles de *bail* et de *garde*, que la plupart des coutumes confondent, et que quelques-unes distinguent en rapportant la garde aux ascendants, et le bail aux collatéraux.

La garde s'ouvrait par le décès de l'un des père et mère, laissant des enfants mineurs. Elle conférait généralement au gardien la jouissance de tous les biens meubles ou immeubles échus aux enfants par la succession de l'époux prédécédé, ou qui pourraient leur échoir en ligne directe pendant la durée de la garde ; quelques coutumes cependant attribuaient au gardien la propriété des meubles et la jouissance des immeubles. Le gardien noble percevait aussi, comme fruits, les droits et profits seigneuriaux ou féodaux ; il jouissait du droit de patronage et de retrait féodal, et pouvait instituer ou destituer les officiers pour cause légitime. Il avait toutes les actions nécessaires à l'exercice de ces droits ; mais, pour les actions qui n'avaient point trait à la jouissance du gardien, on nommait au mineur des tuteurs ou curateurs. La tutelle pouvait, d'ailleurs, être déférée au gardien lui-même.

La garde-noble était déférée par quelques coutumes aux père, mère, aïeul ou aïeule nobles ; par d'autres, aux père et mère seulement. Dans plusieurs coutumes, le survivant des père, mère, aïeul ou aïeule, refusant de prendre la garde-noble, elle passait au seigneur. En Normandie, c'était même une règle générale, que la garde-noble appartenait toujours, soit au roi (*garde royale*), pour raison de fief tenu immédiatement de lui, soit au seigneur de qui le fief inférieur mouvait (*garde seigneuriale*). La garde royale finissait à vingt et un ans, la seigneuriale à vingt ans ; l'une et l'autre imposaient au gardien la charge d'entretenir le fief en bon état, de nourrir et entretenir les mineurs.

La garde-bourgeoise ou roturière n'était pas aussi universellement admise que la garde-noble : plusieurs coutumes l'excluaient formellement ; d'autres l'admettaient en faveur des père et mère seulement (par exemple, Paris) ; quelques-unes, enfin, l'étendaient aux aïeuls ou aïeules.

La garde n'était pas seulement une attribution de biens en propriété ou jouissance ; elle imposait aussi au gardien certaines charges, comme nous le verrons bientôt. On peut même dire que, dans le dernier état de la jurisprudence sur la matière, on inclinait à considérer les avantages attachés à la garde comme une sorte de compensation des charges qu'elle entraînait. Il s'était, en un mot, opéré dans la théorie de la garde une transformation analogue à celle que l'on peut suivre dans le droit romain, relativement à la tutelle : droit et garantie de la famille à son origine, elle avait fini par être considérée comme instituée plutôt dans l'intérêt du mineur, et comme constituant pour le gardien une charge. Seulement la pratique coutumière n'alla jamais jusqu'à la considérer comme une charge publique ; et c'est pour cela que, d'une part, elle laisse au gardien les avantages que nous venons de relater, et que, d'autre part, elle exige toujours une acceptation expresse, faite en justice, devant le juge ordinaire du domicile du mineur. Quelques coutumes seulement, déjà plus éloignées de l'antique formalisme, se contentaient d'une acceptation faite au greffe. C'est aussi à cause des charges attachées à la garde, qu'elle ne pouvait être acceptée par un furieux ni par un interdit. Cependant, on tenait que la minorité de la personne appelée à la garde n'était pas une cause d'exclusion ; anomalie qui montre bien l'embarras où se trouvaient les jurisconsultes du droit coutumier, partagés entre les deux aspects sous lesquels se présentait cette institution, qui tout à la fois conférait au gardien des avantages, et lui imposait des charges dans l'intérêt du mineur.

Tout gardien, en effet, contractait, du moment de l'acceptation, des obligations relatives tant à la personne qu'aux biens du mineur. Quant à la personne, il devait entretenir le mineur de toutes choses nécessaires, et fournir aux frais de son éducation, conformément à son état et qualité. Quant aux biens, il était tenu de faire inventaire, même dans les coutumes qui lui attribuaient les meubles en propriété. Le gardien bourgeois devait en outre fournir caution, à la différence du gentilhomme, présumé loyal et fidèle par sa qualité. Les auteurs en font la remarque expresse. Le gardien devait faire aux héritages sujets à la garde toutes les réparations viagères, et les rendre en bon état. Il était tenu de fournir et avancer au tuteur, s'il ne possédait pas lui-même cette qualité, les frais nécessaires pour les procès ne concernant pas la garde, fût-ce contre lui-même. Enfin, c'était une maxime générale, que *qui garde prend, quitte la rend*. Par application de ce principe, le gardien était tenu d'acquitter les dettes mobilières grevant les successions dont l'ouverture donnait lieu à la garde ou tombant postérieurement sous la garde, et spécialement de payer les arrérages des rentes ou autres redevances annuelles. On jugeait aussi que le gardien devait payer les frais des funérailles de l'époux prédécédé. Toutes ces obligations étaient garanties par une hypothèque tacite générale, appartenant au mineur du jour de l'acceptation.

Une fois acceptée, la garde ne pouvait plus être répudiée; mais elle s'éteignait pour diverses causes.

La première était l'âge. La garde-bourgeoise finissait uniformément quand le mineur avait atteint l'âge de quatorze ans pour les mâles, et de douze ans pour les filles; la garde-noble, lorsque le mineur mâle avait vingt ans accomplis. Quant aux filles, l'âge requis pour mettre fin à la garde-noble variait entre quatorze (par exemple, Orléans), quinze (Paris), seize (Grand-Perche), et même dix-huit ans (Mantes, Tours).

La seconde cause d'extinction, tirée de la personne du gardien, était son convol en secondes noces. Quelques coutumes cependant (Melun, Péronne) n'appliquaient cette règle qu'à la mère et à l'aïeule, et non au père ou aïeul.

Le mariage du mineur, contracté du consentement du gardien, sous réserve de son droit, mettait également fin à la garde.

Sect. IV. — *Mariage et puissance maritale.*

Nous n'avons pas à nous occuper du mariage en soi, et des règles relatives à sa célébration et à sa validité, mais seulement des effets qui en découlent. C'est le seul point que prévoient les coutumes.

Le principe fondamental en cette matière est que la femme mariée est sous la puissance de son mari. Les auteurs coutumiers font remarquer que cette puissance, que le Code civil a sanctionnée, mais en en adoucissant les conséquences, « ne consiste « point dans un simple respect, auquel les femmes sont obligées

« envers leurs maris, mais dans une étroite dépendance et sou-
« mission ; de telle sorte qu'elles ne peuvent faire aucun acte va-
« lable tant qu'elles y sont sujettes, si leurs maris n'y donnent
« leur consentement. » Aussi toutes les coutumes interdisaient,
expressément ou tacitement, aux femmes mariées de vendre ou
aliéner leurs immeubles, sans autorisation de leurs maris, ainsi
que de faire, sans cette autorisation, partage, licitation, échange
ou donation, fût-ce un don mutuel fait avec le mari lui-même.
Quelques-unes allaient jusqu'à exiger l'autorisation pour les testaments et autres actes de dernière volonté de la femme (Nivernais, Normandie, Bourgogne); mais le droit commun s'arrêtait
en deçà de cette excessive rigueur.

Par une application du même principe, la femme en puissance
de mari ne pouvait valablement s'obliger ni constituer hypothèque de ses biens, sans être dûment et expressément autorisée par
son mari. Le consentement tacite, résultant de l'obligation con-
tractée conjointement par le mari et par la femme, ou du concours du mari dans l'acte (Code civil, art. 217), n'aurait pas été
suffisant. L'autorisation était tellement nécessaire, que, malgré la
règle, *Voies de nullité n'ont point lieu en France*, la nullité résultant du défaut d'autorisation pouvait être opposée, sans lettres
de restitution, tant pendant le mariage qu'après sa dissolution,
par le mari, et par la femme ou ses héritiers. De même, la ratifi-
cation donnée postérieurement par le mari ne couvrait la nullité que du jour de sa date.

La jurisprudence cependant avait admis quelques adoucisse-
ments et quelques exceptions à la règle. D'abord, la nullité résultant du défaut d'autorisation n'était pas absolue ; elle ne pouvait
être invoquée par ceux qui avaient contracté avec la femme. De
plus, elle n'ôtait à l'obligation que ses effets civils, et lui laissait
le caractère d'obligation naturelle : ainsi la femme ne pouvait
répéter la somme par elle payée en exécution de son engagement
contracté sans autorisation. Enfin, dans certains cas, la femme
pouvait s'obliger même civilement sans autorisation : ainsi l'on
validait les obligations contractées par elle pour tirer son mari
de prison, pour doter son fils ou pour subvenir aux besoins du
ménage; celles qu'elle contractait, comme marchande publique,
ou pour ses propres affaires, ou pour la réparation d'un délit.
Enfin, la femme séparée de biens par jugement ou par le contrat
de mariage pouvait contracter valablement, sans autorisation,

quoiqu'elle ne pût aliéner ses immeubles. Elle pouvait aussi ester en justice sans autorisation, tandis que la femme commune en biens ne le pouvait faire qu'avec l'autorisation du mari. On se contentait cependant, sur ce point, d'une autorisation tacite résultant, par exemple, du concours du mari à l'exercice de l'action.

Émanation de la puissance maritale, l'autorisation était exigée, même quand le mari était mineur et la femme majeure. Pas plus que dans le Code, en effet, la majorité du mari n'était exigée pour l'exercice de ce droit. L'autorisation donnée par le mari majeur ne couvrait pas l'incapacité de la femme mineure d'aliéner ses biens; mais elle l'habilitait à s'obliger, sauf à elle à se pourvoir par le bénéfice de restitution. La mort civile et la démence enlevaient seules au mari l'exercice de cette éminente prérogative qu'il tenait de la loi. Mais les coutumes avaient déjà consacré l'expédient sanctionné par le Code, pour les cas où le mari refuserait, sans raison légitime, son autorisation, ou ne pourrait la donner. Elles avaient statué en outre que les condamnations prononcées contre la femme autorisée seulement de justice ne pourraient être exécutées ni contre le mari, ni sur la part qui revenait à la femme dans la communauté, mais sur les propres seulement de celle-ci.

C'était encore un effet de la puissance maritale que le mari fût maître des actions mobilières et possessoires procédant du chef de la femme, qu'il pût faire baux à loyer et à ferme des biens de sa femme, à six ans au plus pour les héritages situés dans les villes, et à neuf ans au plus pour les héritages ruraux, etc. Mais le mari ne pouvait vendre, échanger, faire partage ou licitation, obliger ou hypothéquer le propre de sa femme, agir en justice pour ses droits immobiliers, sans son consentement. Il suffit d'indiquer ici ces principes généraux, qui sont aussi ceux du Code, et dont le développement trouvera mieux sa place dans une autre partie de ce travail.

Nous avons mentionné, en passant, la séparation de biens, comme allégeant le joug de la puissance maritale. Ce sujet demande quelques détails.

La séparation de biens était conventionnelle, c'est-à-dire stipulée par le contrat de mariage, ou judiciaire, c'est-à-dire ordonnée par sentence du juge. Cette dernière résultait *ipso jure* du jugement qui prononçait la *séparation d'habitation (de corps)*; mais elle pouvait aussi se présenter seule.

Les causes de séparation de corps mentionnées dans les auteurs sont les sévices et mauvais traitements de l'un des époux envers l'autre. Un point à noter, c'est que, d'après une pratique constante, la mort civile, loin de dissoudre le mariage, n'entraînait pas la séparation de corps, mais celle de biens seulement. Cette dernière pouvait en outre être demandée par la femme, dans le cas d'un désordre arrivé dans les affaires du mari par sa mauvaise conduite. Le jugement de séparation ne produisait effet, vis-à-vis des tiers, que du jour de son exécution par saisie et vente sérieuse des effets mobiliers ou adjudication faite à la femme de ces effets en payement de ses droits et conventions matrimoniales. Quelques coutumes exigeaient en outre que le jugement fût enregistré (Orléans, Montargis), et l'ordonnance du Commerce faisait de cette formalité une loi générale pour les commerçants.

La femme, séparée, soit par contrat, soit par sentence, pouvait, sans autorisation, disposer de ses meubles et s'obliger, mais non aliéner ni hypothéquer ses immeubles. Quelques coutumes cependant lui reconnaissaient ce droit, et l'on admettait généralement qu'elle pouvait donner ses immeubles à ses filles, en dot, ou à ses fils en avancement d'hoirie.

La séparation d'habitation avait ce résultat particulier, qui la distinguait de la séparation de biens, que la femme pouvait accepter la communauté ou y renoncer, tandis que la femme séparée de biens seulement ne pouvait l'accepter. La réunion des époux séparés de corps rétablissait la communauté, laquelle était présumée n'avoir jamais été interrompue depuis le moment de la célébration du mariage.

Sect. V. — *Tutelle et curatelle.*

Suivant le droit commun de la France coutumière, la tutelle était dative. Quelques coutumes seulement (Nivernais, Bourbonnais et Auvergne) admettaient la théorie romaine de la tutelle testamentaire ou légale, primant la tutelle dative. Cependant c'était un principe généralement admis, que les père et mère devaient être nommés tuteurs de leurs enfants, à moins qu'ils n'en fussent incapables pour cause de minorité, de dissipation ou de mauvaise conduite. L'on étendait même cette règle aux autres parents, et l'on tenait que le parent plus éloigné, élu tuteur, pouvait se pourvoir contre sa nomination, en indiquant un parent plus proche également capable de gérer la tutelle. D'un autre côté, le père survivant ne pouvait refuser la tutelle qui lui était déférée : la mère, au contraire, n'était pas tenue de s'en charger. Sauf la mère et l'aïeule, les femmes étaient exclues de la tutelle, comme dans le droit romain, et suivant notre Code civil.

La nomination du tuteur était faite par le juge du domicile du mineur, sur l'avis d'un conseil de famille composé de sept membres. Ceux-ci étaient assignés par le procureur du roi par-devant le juge pour procéder à l'élection, et devaient être pris parmi les plus proches parents paternels et maternels : à défaut de parents résidant au lieu du domicile du mineur, on appelait des voisins ou amis. L'élection ne pouvait porter que sur l'une des personnes assignées par le procureur du roi.

Outre le tuteur, l'on nommait en même temps un subrogé tuteur, et si le mineur avait des biens considérables, des tuteurs honoraires chargés de surveiller la gestion du tuteur gérant.

Sauf les exceptions citées plus haut, le tuteur élu était forcé d'accepter la tutelle : cependant la pratique des pays coutumiers avait admis les excuses sanctionnées par le droit romain. En général, on appliquait également à la gestion de la tutelle les dispositions de cette législation ; les coutumes ne contenaient, à cet égard, qu'un petit nombre de dispositions particulières dont voici les principales : 1° le père ne pouvait dispenser le tuteur, par son testament, de l'obligation de faire inventaire ; 2° la confection de l'inventaire était imposée même à la mère tutrice ; 3° les tuteurs géraient et administraient eux-mêmes les biens et les affaires des mineurs, et non les pupilles, sous leur autorité. Au surplus, le tuteur était tenu de vendre les meubles, excepté ceux que les père et mère auraient ordonné de conserver à leurs enfants, et excepté encore les bestiaux compris dans les baux, ou baillés à cheptel : autrement il devait tenir compte au mineur du prix porté dans l'inventaire, avec la criée à raison de cinq sols pour livre ou même davantage, s'il y avait lieu. Il devait veiller au recouvrement des créances et poursuivre les débiteurs, payer les dettes et faire l'emploi des deniers par lui perçus. Il devait faire les baux des biens des mineurs, sans fraude et sans anticipation, à six ans au plus pour les maisons de ville et à neuf ans au plus pour les héritages de la campagne, etc., etc. Il ne pouvait vendre les héritages du mineur que pour l'acquit de ses dettes, et par ordonnance du juge, rendue sur l'avis des parents, après discussion des meubles, etc., etc. Les mineurs avaient hypothèque tacite sur les biens de leur tuteur. En un mot, comme nous le disions, l'on appliquait les règles du droit romain.

Il en était de même relativement aux causes d'extinction de la tutelle. La première de ces causes était l'âge; mais, tandis que certaines coutumes (Nivernais, Orléans) faisaient cesser la tutelle à quatorze ans, pour les mâles, et à douze ans pour les filles, d'autres la prolongeaient jusqu'à vingt-cinq ans, sauf le cas où le mineur aurait été émancipé. Cette émancipation, en plusieurs endroits, ne pouvait être obtenue avant l'âge de vingt ans : ailleurs les parents en décidaient. Elle se faisait généralement par simple sentence du juge, sans lettres du prince (*secus* à Paris) et prenait plus spécialement le nom de *bénéfice d'âge*. Le mariage du mineur avait également pour effet de mettre fin aux pouvoirs du tuteur. La tutelle finissait encore par l'excuse légitime du tuteur ou par sa destitution, et par le convol en secondes noces de la mère tutrice. Au sujet de ce dernier point, il faut remarquer deux choses : premièrement, que la mère, redevenue veuve de son deuxième mari, ne recouvrait pas la tutelle, et, secondement, qu'en se remariant elle ne perdait pas, avec la tutelle, le soin et l'éducation de ses enfants. La coutume d'Auvergne, plus rigoureuse encore que les autres, attachait la perte de la tutelle au seul fait des fiançailles contractées par la mère tutrice, même lorsque le mariage ne s'en était point suivi.

Comme la tutelle, la curatelle, empruntée au droit romain par les coutumes, offre peu de points à noter. Disons seulement d'une manière générale qu'elle était ordonnée dans tous les cas où une personne, non pourvue d'un tuteur, ne pouvait pas gérer ses affaires elle-même, et que, suivant le brocard *tuteur et curateur n'est qu'un*, elle conférait les mêmes pouvoirs que la tutelle.

Cependant la curatelle coutumière mérite quelque attention dans son application aux mineurs émancipés ou admis au bénéfice d'âge. L'émancipation conférait à celui qui l'avait obtenue le droit d'administrer ses biens, de disposer de ses meubles et des fruits de ses immeubles et de faire des baux de ses héritages. Mais pour l'aliénation de ses immeubles, autres que ceux qu'il aurait acquis par son industrie ou son travail, il lui fallait l'autorité d'un curateur et l'ordonnance du juge : disposition conservée par nos lois modernes, et qui mérite d'autant plus d'être remarquée, qu'elle transporte à la curatelle le pouvoir qui distinguait précisément la tutelle dans le droit romain. Cette autorité donnée par le curateur à certains actes du mineur émancipé était la seule fonction que conférât cette curatelle, laquelle, par une application du brocard déjà cité, devait être acceptée par le tuteur sortant de charge. La curatelle finissait à la majorité.

C'était un principe général du droit coutumier, que l'âge de vingt-cinq ans accomplis donnait la faculté de disposer de ses biens tant entre-vifs que pour cause de mort, dans la mesure fixée par les coutumes, et sauf l'exception relative aux femmes mariées. Quelques coutumes seulement admettaient la majorité avant cet âge. La majorité féodale, tant pour faire la foi et hommage que pour la recevoir, était fixée généralement à vingt ans accomplis pour les mâles et à quinze pour les filles ; elle n'était pas susceptible d'être avancée par l'émancipation ni par le mariage. Au surplus, on a vu que des majorités différentes étaient fixées pour la fin de l'autorité paternelle, de la tutelle et de la curatelle.

Pour terminer ce qui concerne l'état des personnes, il nous reste à parler succinctement du *domicile*, dont nous avons négligé de traiter jusqu'ici, pour ne pas interrompre l'enchaînement logique des matières.

SECT. VI. — *Du domicile.*

On distinguait, en France, et l'on distingue encore plusieurs espèces de domiciles. En premier lieu, le *domicile naturel,* qui réglait la qualité des personnes, leurs dispositions testamentaires et leurs successions mobilières, les charges personnelles auxquelles elles étaient sujettes et la compétence des tribunaux en matière personnelle. Le domicile naturel était le lieu où le père de famille avait établi sa demeure actuelle ou perpétuelle et celle de sa famille : c'est la disposition de la loi 7 au code *de Incolis,* résumée dans l'article 102 du Code civil en ces mots : *Le domicile de tout Français, quant à l'exercice de ses droits civils, est au lieu de son principal établissement.* Pour certaines personnes, ce domicile était déterminé par la nature de leurs fonctions. Ainsi les princes, les ducs et pairs, les maréchaux de France, les grands officiers de la couronne, avaient leur domicile naturel à Paris, capitale du royaume, et les évêques, au siége de leur évêché. Le domicile des enfants mineurs était celui de leurs père et mère, ou, dans certains cas, de leur père seul, même après le décès de celui-ci, et malgré la translation de domicile faite par leur mère ou par leur tuteur. Le père survivant ne pouvait même, en général, et en changeant de domicile, transférer celui que ses enfants mineurs avaient au jour du décès de leur mère. Quant aux enfants naturels, leur domicile était au lieu de leur naissance, et il ne pouvait être changé pendant tout le temps de leur minorité. L'on ne pouvait avoir qu'un seul domicile naturel, et on conservait celui qu'on tenait de sa naissance jusqu'à ce qu'on en eût acquis valablement un autre. La translation de domicile exigeait, comme le disaient les auteurs, la *destination* et l'*effet*, c'est-à-dire l'intention de transférer son domicile et la réalisation de cette intention. Parmi les circonstances qui tendaient à établir l'intention, l'on cite particulièrement l'établissement par mariage, les lettres de naturalité ou de bourgeoisie obtenues dans un autre pays, ou dans une autre ville, enfin une résidence de dix années. Quant à l'effet, l'on tenait qu'il avait lieu en cas d'établissement par quelque charge ayant fonction publique et exigeant résidence continuelle, etc., etc. La femme mariée prenait, du jour de la bénédiction nuptiale, le domicile de son mari et le conservait jusqu'à ce qu'elle en eût acquis un nouveau, ce qu'elle ne pouvait faire qu'après jugement de séparation de corps, ou après la dissolution du mariage.

Indépendamment du *domicile naturel*, que l'on pourrait appeler domicile *général*, on distinguait plusieurs domiciles spéciaux :

1° Le domicile *de dignité*, au lieu où un officier faisait les fonctions de la charge. Ce domicile ne concernait que la charge ou la dignité. L'on peut rapporter à ce domicile celui qui donnait la jouissance des droits de bourgeoisie d'une ville : pour celui-ci, plusieurs coutumes exigeaient, comme le droit romain, une résidence continuée pendant dix ans; d'autres, et notamment Paris, se contentaient de la résidence d'an et jour;

2° Le domicile *conventionnel*, au lieu convenu par les parties, pour y faire toutes significations concernant l'acte ou contrat pour l'exécution duquel il aurait été élu. Il ne pouvait être changé que par le consentement mutuel des parties : le changement de domicile naturel et la mort même de celui chez qui il était établi n'en entraînaient pas la translation;

3° Le domicile *légal*, au lieu déterminé par la coutume ou par les lois pour certains actes. Ainsi le principal manoir du bénéfice était le domicile légal du bénéficier, pour tous exploits et significations concernant les droits du bénéfice. Ainsi encore le principal manoir du fief était le domicile légal du seigneur et du vassal pour la signification des actes concernant les droits réciproques des seigneurs et des vassaux ;

Enfin l'on distinguait encore : 4° le domicile *d'élection*, pour la validité d'une saisie réelle ou autre, ou d'une opposition sur saisie, ou bien encore pour l'exécution d'un acte. Il était irrévocable, comme le domicile conventionnel.

LIVRE II. — DES BIENS ET DES DIFFÉRENTES MODIFICATIONS DE LA PROPRIÉTÉ.

SECT. I. — *Division des biens.*

La division fondamentale des choses, celle qui marquait le plus profondément leur distinction juridique, se fondait, dans le droit coutumier comme sous l'empire du Code, sur leur nature mobilière ou immobilière. Les meubles et les immeubles se divisaient en outre, en corporels et incorporels, véritables et fictifs. Nous diviserons, en conséquence, cette section en trois paragraphes : 1° Des meubles corporels, véritables et fictifs; 2° Des immeubles corporels, véritables et fictifs; 3° Des meubles et des immeubles incorporels.

1° *Des meubles corporels, véritables et fictifs.* — La classe des meubles corporels comprenait toute chose susceptible d'être transportée d'un lieu à un autre, quel qu'en fût d'ailleurs le prix ou la rareté. Plusieurs coutumes disposaient spécialement que la qualité de meuble appartenait aux pressoirs et cuves non édifiés en fonds de terre, aux moulins sur bateaux, aux vaisseaux sur mer, aux bestiaux même affermés avec le fonds, aux matériaux réunis ou amassés pour bâtir, mais non encore employés. Il en était de même pour les poissons en réservoir ou en boutique, et pour ceux qui se trouvaient dans un étang ou vivier dont la bonde était levée; pour les pigeons en fuie , et pour les deniers d'un immeuble vendu, trouvés en nature dans les coffres du défunt, ou dus au jour du décès. L'on n'exceptait que le prix du propre vendu pendant la dernière maladie du vendeur, et dont il aurait disposé au préjudice de ses héritiers des propres.

Quant aux fruits, la plupart des coutumes leur attribuaient la qualité de meubles , du moment qu'ils étaient séparés du fonds, quoique non encore recueillis. D'autres, au contraire (Artois, Reims), prenaient une époque fixe pour base de l'ameublissement des fruits : ainsi les foins à couper étaient meubles après la mimai, les blés ou autres grains après la Saint-Jean, et les raisins à la mi-septembre. Les bois ne devenaient meubles que par la coupe effectuée; ainsi la vente ou la disposition testamentaire d'une coupe de bois était réputée porter sur une chose immobilière.

La qualité des fruits civils variait suivant leur nature. Les loyers de maisons, de moulins, de forges, les arrérages des rentes constituées à prix d'argent, devenaient meubles au fur et à mesure de la jouissance ; les arrérages des cens et censives le devenaient, pour le tout, au jour de l'échéance des termes auxquels ils étaient dus; enfin les fermages des héritages ruraux étaient considérés comme subrogés aux fruits naturels, et prenaient la qualité de meubles au jour où ceux-ci se trouvaient eux-mêmes ameublis.

La classe des meubles fictifs ne comprenait véritablement que les immeubles ameublis par contrat de mariage. Les meubles incorporels ne recevaient pas, en général, cette qualification.

Il faut encore noter que, dans les textes des coutumes, le mot de *meuble* se prenait , à moins d'exception expresse, pour toute espèce de meubles corporels ou incorporels, tandis que, dans les dispositions de l'homme, il ne s'entendait communément que des meubles meublants. Le Code civil aurait dû peut-être emprunter cette règle à la pratique constante des pays coutumiers.

Quant à la qualité des meubles, elle se réglait par la coutume où celui à qui ils appartenaient avait son domicile, en quelque lieu d'ailleurs qu'ils fussent trouvés. C'était ce que l'on entendait par cette maxime, que *les meubles suivent le corps.*

2° *Des immeubles corporels, véritables ou fictifs.* — La qualité d'immeuble véritable n'appartenait qu'au sol et aux bâtiments.

élevés sur le sol. Les immeubles par fiction étaient, au contraire, fort nombreux. Cette qualité appartenait d'abord aux meubles incorporés à perpétuelle demeure à un héritage par le propriétaire, et ne les abandonnait qu'au moment de la séparation effectuée. Les ustensiles d'hôtel, mis dans une maison pour perpétuelle demeure, et attachés à fer et à clou, ou scellés en plâtre, étaient également réputés immeubles. Il en était de même des moulins fondés en terre ou bâtis sur pilotis en rivière; quelques coutumes seulement avaient une disposition contraire, quant aux moulins sur bateaux et pilotis. Les pressoirs fondés en terre pour perpétuelle demeure, les poissons en étang, les pigeons en colombier, les lapins en garennes, les ruches d'abeilles, étaient aussi expressément déclarés immeubles. Il en était de même pour les fruits, jusqu'au moment où ils prenaient la qualité de meubles, suivant ce qui a été dit ci-dessus. Les foins, pailles et fumiers; les échalas portés ou employés dans une vigne; les canons et autres armes, destinés pour la défense d'un château; les ornements, parements et livres des chapelles des châteaux et autres maisons; les matériaux provenant de la ruine et démolition d'une maison, laissés sur les lieux pour être employés à sa reconstruction; les deniers provenant de la vente des propres des conjoints ou du rachat des rentes du mineur, étaient également réputés immeubles. Il en était de même des sommes de deniers données par les ascendants à leurs enfants, en contemplation de mariage, pour être employés en achat d'héritages. (Art. 93, Cout. de Paris.)

Enfin l'on appelait immeubles par destination ou convention, les meubles ou effets mobiliers, qui, par contrat de mariage, prenaient la nature de propres de communauté.

3° *Des biens incorporels.* — Parmi les biens incorporels, l'on réputait meubles : 1° les obligations et cédules portant promesse de payer une somme d'argent ou autre chose mobilière, quelle que fût la cause de cette obligation, excepté celles qui étaient faites à un mineur pour soulte de partage ou pour deniers provenant du rachat d'une rente, ou de la vente d'un héritage à lui appartenant; 2° l'action pour dommages et intérêts en cas d'éviction d'un immeuble; 3° l'action de remploi, portée par contrat de mariage, à moins de clause *de siens d'estoc, côté et ligne*; 4° suivant quelques coutumes, les rentes constituées à prix d'argent; mais, suivant le droit commun, elles étaient immeubles jusqu'au rachat, etc., etc. Les autres droits étaient réputés immeubles : ils se trouveront énumérés dans la suite de ce travail.

L'ancien droit coutumier n'avait pas, quant aux modifications de la propriété, cette théorie si simple que le Code civil a empruntée au droit romain. Il admettait une variété infinie de droits sur les choses, lesquels constituaient en quelque sorte de nouvelles distinctions des biens, et doivent être maintenant étudiés séparément. Les biens étaient tenus en fief, ou en roture, ou en franc-alleu; en pleine propriété, ou à la charge de rente foncière, ou de rachat; ou par usufruit, etc., etc.

SECT. II. — *Des fiefs.*

L'on définit généralement le *fief* un héritage tenu à la charge de foi et hommage et de service féodal, ou de prestations payables en certains cas par les nouveaux acquéreurs, possesseurs ou vassaux, aux seigneurs desquels ils relèvent. L'on distinguait différentes espèces de fiefs : 1⁰ les fiefs corporels et incorporels (*fiefs en l'air*); ceux-ci consistant en un simple droit tenu à foi et hommage, mais dont pouvaient relever d'autres fiefs ou des héritages tenus en roture; 2⁰ les fiefs partageables et non partageables : les fiefs de dignité, comme duchés, marquisats, etc., n'étaient pas susceptibles de partage; l'aîné des enfants les prenait en entier, sauf récompense en argent ou en autres héritages; 3⁰ les fiefs *simples*, tenus simplement à foi et hommage tant que le vassal serait détenteur du fief, et les fiefs *liges*, qui obligeaient personnellement le vassal à servir le seigneur pendant toute sa vie, envers et contre tous; les progrès du pouvoir monarchique avaient fait prévaloir le principe que l'hommage lige ne pouvait être prêté qu'au souverain; dans la coutume de Bretagne, le mot d'hommage lige n'avait pas ce sens spécial, et se prenait pour l'hommage rendu au seigneur immédiat; 4⁰ dans un autre sens, les fiefs *simples* étaient ceux qui n'étaient sujets qu'à la saisie féodale, à défaut de foi et hommage ou de payement des droits féodaux; ils étaient opposés aux fiefs *de danger*, où le défaut de foi et hommage entraînait la commise et la confiscation entière. Cette dernière espèce de fiefs ne se présentait que dans

les duchés et comtés de Bourgogne, et dans la prévôté de Vau-
couleurs.

Les *droits et devoirs* auxquels les vassaux étaient tenus envers
leurs seigneurs féodaux, dans le dernier état du droit coutumier,
peuvent se résumer sous les rubriques suivantes :

1° *La foi et hommage.* — C'était une règle générale, que tout
nouveau vassal devait rendre, en sa personne, la foi et hommage
à son seigneur féodal. Quelques coutumes seulement rempla-
çaient cette formalité par une somme, une redevance, ou une
rente féodale et seigneuriale à payer au seigneur (abonnement,
abournement, abonnages). En général, le vassal n'était tenu
qu'une seule fois de faire la foi et hommage ; cependant, les
nouveaux seigneurs pouvaient obliger les anciens vassaux à la
renouveler, en leur faisant les proclamations et significations requises par les coutumes. — La foi et hommage n'était due régulièrement que par le propriétaire du fief. Cependant le mari, le
bénéficiaire, et, suivant quelques coutumes (Melun, Troyes), l'u-
sufruitier, en étaient également tenus pour les biens qu'ils possédaient en cette qualité, et pour les fiefs appartenant à des
gens de mainmorte ; ceux-ci devaient constituer un homme
vivant et mourant, qui faisait la foi et hommage au seigneur. —
La foi et hommage ne pouvait se faire que par le vassal en personne, à moins que le seigneur n'y consentît. Cependant, le fils
aîné la faisait valablement pour ses frères et sœurs, héritiers,
comme lui, de ses père et mère, soit que le fief fût possédé par
indivis, ou que le partage fût fait après la prestation de foi et
hommage. Par une application rigoureuse du principe de la représentation, le fils de l'aîné décédé pouvait aussi la faire pour
ses tantes. La foi et hommage rendue par le mari en acquittait
également la femme pour sa part dans la communauté ; de même
celle rendue par la douairière ou tout autre usufruitier en acquittait le propriétaire. Enfin, la foi et hommage se faisait par
procureur, en cas de légitime empêchement, tel que charge pu
blique obligeant à résidence, absence, emprisonnement, maladie
de corps et d'esprit, danger imminent, etc. : la minorité était
un empêchement pour lequel le seigneur devait donner *souf-*
france, si elle était demandée dans le temps où la foi et hommage aurait dû être faite. La souffrance, tant qu'elle durait, va-

lait foi : la majorité féodale la faisait seule cesser ; l'émancipation du mineur n'avait pas cet effet.

La foi et hommage n'était due qu'au propriétaire ; et, s'il y avait plusieurs coseigneurs, elle était faite valablement à l'un d'eux, au principal manoir du fief. Le seigneur pouvait recevoir la foi et hommage par procureur.

Pour les terres relevant du domaine de la couronne, la foi et hommage se rendait à la chambre des comptes de Paris ; pour les autres terres, elle devait se faire au principal manoir du fief dominant, à moins d'usage ou de convention contraire ; enfin, pour les fiefs en l'air, elle se faisait à la personne du seigneur, ou en son domicile, ou, s'il était éloigné de plus de dix lieues du fief servant, en la juridiction du lieu de celui-ci.

Quant à la forme de foi et hommage, le vassal étant au principal manoir du fief, devant le seigneur, sans épée ni éperons, un genou en terre (et, suivant quelques coutumes, ses mains dans celles du seigneur), devait déclarer qu'il lui portait foi et hommage et fidélité qu'il lui devait à cause de tel ou tel fief. Dans le langage simple mais énergique des coutumes, il était dit que le vassal devait à son seigneur *la bouche, les mains, avec le serment de fidélité*. La bouche, c'était le baiser ; les mains étaient la marque de l'union. *La bouche et les mains font l'hommage*, dit Eusèbe de Laurière, lequel fait observer avec raison que la foi et l'hommage étaient deux choses différentes. Ainsi, les roturiers qui possédaient des fiefs ne prêtaient point jadis l'hommage, mais la foi seulement. C'est ce qu'atteste Guillaume Durand, en son *Speculum juris*, et Beaumanoir en sa Coutume de Beauvoisis. Si le seigneur était absent, et qu'il n'y eût au principal manoir aucun procureur pour la recevoir, le vassal devait l'appeler devant la porte principale, par trois fois, à haute et intelligible voix, et *en état de vassal*, faire la foi et hommage, et le déclarer dans l'acte qu'il en devait laisser. Cet acte devait être reçu par des notaires ou tabellions de cours séculières ; et une expédition en parchemin, signée du vassal, du notaire et des témoins, devait être laissée au seigneur, ou à son procureur, ou à un officier de sa justice, ou au plus proche voisin du principal manoir.

La foi et hommage devait être faite dans quarante jours, depuis l'ouverture du fief, par la mort de l'ancien vassal, ou en général, depuis le jour de la mutation du vassal.

2° *Droits et profits seigneuriaux.* — C'était un principe général que, pour le fief échu par succession en ligne directe, l'on ne devait que la foi et l'hommage ; quelques coutumes cependant (Chauny, Clermont, Laon, Noyon) imposaient dans ce cas le droit de *chambellage*, estimé à un écu, et d'autres exigeaient le relief pour toute mutation. (L'on disait de ces coutumes qu'*elles relevaient à toutes mains*.) Mais cette règle rigoureuse était de droit exceptionnel, bien qu'elle se trouvât dans la coutume de Paris, et l'on y voit une condition particulière imposée à la première concession des fiefs dans les pays où elle était en vigueur.

Régulièrement, le relief ou rachat n'était dû que pour les mutations opérées autrement que par succession en ligne directe ou à titre de vente ; car, dans ce dernier cas, on avait à payer un droit différent, qui prenait le nom de *quint* lorsqu'il s'agissait de fiefs, et celui de *lods et ventes* quand il s'agissait de rotures. Les seigneurs, pour augmenter leurs droits et profits, avaient divisé les prestations entre les vendeurs et les acheteurs. Ils avaient obligé, dans cette vue, ceux qui tenaient d'eux des héritages en censive, de s'en dévêtir ou de s'en dessaisir en leurs mains quand ils les voulaient vendre ; et pour la *dessaisine* ou le *dévêt*, ils se faisaient payer un tribut qu'on nomma *vente*. Ils obligèrent ensuite ceux qui avaient acheté l'héritage à s'en faire saisir ou vêtir par eux, et pour le *vêt* ou la *saisine*, ils exigeaient un autre tribut qu'on nomma *lods* de *laudemium*, terme juridique sur l'étymologie duquel il faut lire les conjectures hardies de Vico (*Scienza nuova*). Telle est l'origine des droits de *lods et ventes*.

Quant au mot de *quint*, il porte son explication en lui-même : c'était la cinquième partie du prix de vente ; la seule coutume de Nivernais ajoutait à ce prix un quart en sus, lequel constituait le quint ; un certain nombre de coutumes exigeaient en outre le *requint*, qui était la cinquième partie du quint. Le *quint* et les *lods et ventes* étant dus dans les mêmes cas, et ne différant que par la qualité des terres pour lesquelles on les devait, ils étaient réunis sous la dénomination générique de *droits seigneuriaux*. Ils étaient dus pour vente pure et simple de fief ou de roture, quoique faite de père à fils ou de fils à père ; un édit de 1673 avait assimilé, sous ce rapport, à la vente, l'échange d'un héritage contre un autre héritage, ou d'une rente foncière ou constituée contre un autre héritage, et l'on tenait qu'il en était de même pour tout acte équivalent à une vente, tels que la dation d'un héritage en payement d'une dette, etc., etc. En règle générale, c'était à l'acquéreur à purger les droits; quelques coutumes cependant en chargeaient le vendeur, dans le cas de la vente d'un fief. La coutume de Paris, et quelques autres, mentionnaient expressément que les droits n'étaient pas dus par l'acquéreur qui déguerpissait, pour les dettes et hypothèques de son vendeur, ou qui était évincé par le propriétaire, et l'on décidait, en règle générale, qu'ils ne se payaient pas dans le cas de nullité de la vente.

3° *Droits de relief ou de rachat.* — Le droit seigneurial qui se présentait régulièrement dans tous les cas de mutation d'un fief, était, comme on l'a vu un peu plus haut, le *relief* ou *rachat*, qui consistait, au choix du seigneur, dans le revenu d'un an du fief, ou le dire de prud'hommes, ou une somme pour une fois offerte par le vassal. Cette offre devait être faite par le vassal en même temps que la foi et hommage; et, si le seigneur ne l'acceptait ni ne la repoussait, le vassal était déchargé du relief, en laissant le fief vacant pendant un an, quoique le seigneur ne l'ait pas exploité. Quant au point de départ de cette jouissance annale, il était fixé par quelques coutumes au jour des offres valablement acceptées ou valablement faites (Paris, Orléans, Tours), et par d'autres (Anjou, Poitou), au jour du décès ou de l'acte qui opérait la mutation. Cette jouissance ne comprenait jamais, pour chaque sorte de fruits, qu'une seule cueillette; mais aussi le seigneur ne pouvait en être privé lorsque cette récolte unique tombait en dehors de l'année déterminée, comme il vient d'être dit. Elle portait d'ailleurs sur tous les fruits, émoluments et profits ordinaires, casuels et incertains, provenant du fief pendant l'année, et spécialement sur le croît des animaux qui se trouvaient dans la maison, et sur les droits casuels et extraordinaires dus par les arrière-vassaux. L'on n'exceptait que les profits de la justice, comme ne faisant point partie du fief; quelques auteurs voulaient étendre cette exception au droit de patronage. Quant aux fruits qui ne se perçoivent pas chaque année (bois taillis, etc.), le seigneur ne devait ni souffrir ni profiter du hasard qui pouvait faire tomber leur perception dans l'année de sa jouissance, ou l'en exclure; il prenait une portion calculée suivant le temps dans lequel ils avaient coutume d'être recueillis. La coutume de Poitou portait seule que les bois, étangs, garennes, fuies et pêcheries ne couraient pas en rachat. Bien que, selon les principes du rachat, le seigneur dût exploiter lui-même, il pouvait se remettre de cette exploitation sur le vassal, et alors il ne prenait les fruits qu'en remboursant au vassal les frais de labours et semences. (*Voyez* de Laurière, sur les art. 47, 48 et 49 de la Coutume de Paris.)

C'était une règle absolue, que le relief était dû quand il y avait translation de propriété, sauf, dans la plupart des coutumes, la succession en ligne directe, et dans toutes les coutumes, le cas de vente. Ainsi il était dû pour succession collatérale, même quand elle était acceptée sous bénéfice d'inventaire, suivi de renonciation, pour toute donation suivie de tradition réelle ou feinte (même pour les donations faites à l'Église, excepté dans les coutumes de Lorris et d'Orléans). Les filles devaient le relief même pour les fiefs qui leur étaient échus en ligne directe, lorsqu'elles se mariaient en secondes noces après cette échéance; la coutume de Montargis et quelques autres les y soumettaient même pour les fiefs à elles échus en ligne directe pendant le mariage. L'on en exceptait le cas où le contrat de mariage stipulait l'exclusion de la communauté, et cette exception fait comprendre le motif de cette disposition en apparence singulière. Ce motif n'était autre que la jouissance et l'administration qui appartenaient au mari sur les biens de sa femme. Le seigneur haut justicier à qui un fief échéait en vertu de sa justice, en devait aussi le relief, à moins qu'il n'en vidât ses mains dans l'an et jour de la sommation à lui faite à cette fin par le seigneur féodal.

Le relief n'était dû que pour les mutations de propriété, la douairière et le gardien n'en devaient pas de leur chef; quelques coutumes seulement (Boulenois, Poitou) les en chargeaient.

4° *Droit d'indemnité, droit d'amortissement.* — Le droit d'amortissement était payé au roi par les gens de mainmorte pour les héritages féodaux, censiers ou francs-alleus, qu'ils acquéraient. Ce droit était le prix des lettres d'amortissement, qui conféraient aux corporations la faculté d'acquérir et de posséder, et que le roi seul, dans le dernier état de notre ancien droit public, pouvait leur octroyer. (*Voy.* de Laurière, *de l'Origine du droit d'amortissement*, Paris, 1692, in-12; et Jarry, *des Amortissements, nouveaux acquêts et francs-fiefs*, Paris, 1725, in-12.) Ce droit, fixé au tiers du prix ou de l'estimation pour les fiefs, et au quint pour les rotures, ne se percevait pas aussi régulièrement que le ferait supposer cette fixation. L'on aimait mieux taxer arbitrairement, dans les moments d'urgence, les corporations qui avaient fait des acquisitions sans acquitter ce droit. — Outre l'amortissement, les gens de mainmorte avaient à payer au seigneur un droit *d'indemnité* évalué, dans la plupart des coutumes, au tiers du prix pour les fiefs, et au cinquième pour les rotures, et, dans quelques-unes, au revenu du fief pendant trois ans. Lorsque la haute justice et le fief étaient à deux seigneurs différents, l'indemnité se payait à tous les deux. Cette indemnité n'était pas payée pour tenir lieu au seigneur des chances de droits seigneuriaux, ou même de retour de fief que lui faisait perdre la perpétuité de la personnalité juridique des corporations : car la plupart des coutumes imposaient à celles-ci l'obligation de bailler *homme vivant et mourant, et confisquant au seigneur féodal*, pour les fiefs, par la mort duquel il y avait ouverture au fief, et le relief était dû, ainsi que les droits ordinaires. Ces charges si onéreuses étaient considérées comme devant avoir un effet éminemment utile, celui de détourner les gens de mainmorte d'acquérir des héritages. L'on sait combien peu ce but fut atteint.

5° *Aveu et dénombrement.* — Une autre charge, qui frappait le vassal, c'était l'obligation de fournir, à ses frais, au seigneur, un aveu et dénombrement sous forme authentique, et contenant une description de toutes les choses et droits que le vassal tenait en foi et hommage du seigneur.

6° *Saisie féodale.* — L'omission du dénombrement, comme le défaut de payement des droits ordinaires de quint et de relief, donnaient lieu à la saisie féodale. Il en était de même dans le cas d'*ouverture de fief, faute d'homme*, cas qui se présentait lorsqu'une mutation s'étant opérée dans la personne du vassal, par décès ou autrement, le nouvel ayant droit ne rendait pas la foi et hommage dans les délais fixés par les coutumes (ordinairement quarante jours). La saisie féodale ne se faisait généralement qu'en vertu d'une commission particulière du juge du seigneur ; quelques coutumes seulement autorisaient le seigneur à la faire de son autorité (Berry, Bourbon).

La saisie féodale, *faute d'homme et droits non payés*, emportait gain de fruits pour le seigneur ; il pouvait exploiter lui-même, ou faire exploiter par un sergent ou par toute autre personne , en respectant toutefois les baux faits sans fraude par le vassal avant la saisie. La saisie faite pour dénombrement, au contraire, n'emportait point perte des fruits ; aussi comptait-elle plutôt comme un empêchement que comme une saisie véritable ; et le seigneur devait constituer des commissaires , de l'insolvabilité desquels il était garant envers le vassal. La saisie féodale finissait, dans tous les cas , dès que le vassal avait satisfait aux causes qui l'avaient amenée; et la saisie, *faute d'homme et droits non payés* , par l'expiration de trois ans, à compter du jour de sa notification , à moins qu'elle ne fût renouvelée.

7° *Retrait féodal.* — L'une des principales prérogatives appartenant aux seigneurs était la faculté qu'ils avaient de prendre et retenir, par la puissance de leur qualité , le fief vendu par leur vassal , en payant à l'acquéreur le prix et les loyaux-coûts, dans les quarante jours de la notification de la vente. Ce droit exorbitant pouvait être exercé, non-seulement par le seigneur lui-même, mais encore par tout cessionnaire du seigneur. Mais il n'avait lieu que dans le cas de vente du fief ou d'acte équivalent à la vente, à moins qu'elle ne fût faite par un parent lignager, parce que le retrait lignager primait le retrait féodal. Celui-ci s'éteignait également lorsque le seigneur avait reçu l'acquéreur à la foi et hommage, ou lui avait donné souffrance. Il ne pouvait s'exercer d'ailleurs que par voie d'action et en vertu d'une sentence qui l'adjugeait, et qui devait fixer en même temps le délai dans lequel l'acquéreur devait être remboursé par le retrayant. Celui-ci devait reconnaître toutes les charges et servitudes imposées par le vendeur sur le fief retiré , mais il était déchargé de celles imposées par l'acquéreur, suivant le brocard : *Resoluto jure dantis, resolvitur jus accipientis.*

8° *Commise.* — On appelait *commise* la révocation du fief en faveur du seigneur dominant, révocation qu'il ne faut pas confondre avec la confiscation, quoique les deux n'en fissent qu'une aux temps anciens. La confiscation avait lieu pour délits publics ; la révocation ou commise avait lieu pour délits privés , tels que félonie ou injure, et désaveu. 1° *Désaveu*, c'est-à-dire la déclaration faite par le vassal, sciemment et de propos délibéré , soit en justice ou autrement, qu'il tenait le fief d'un autre que de son seigneur, ou qu'il le tenait en franc-alleu.—2° *Félonie*, c'est-à-dire une injure atroce ou une ingratitude du vassal envers le seigneur. Le désaveu et la félonie ne pouvaient se commettre que par le propriétaire du fief vassal au profit du propriétaire du fief dominant, quant à la propriété, et de l'usufruitier quant à la jouissance. Cependant l'on tenait que le mari et le bénéficier, ayant un droit plus fort que le simple usufruitier, commettaient la jouissance des fiefs qu'ils possédaient en cette qualité. La possibilité de la commise était subordonnée à la faculté d'aliéner : ainsi le mineur ne pouvait faire désaveu (mais bien félonie); ainsi encore, la femme mariée ne pouvait faire tomber en commise que la propriété de son fief, la jouissance réservée au mari pendant la durée du mariage. La commise adjugée avait un effet rétroactif; tout ce qui avait été fait par le vassal était frappé de nullité, et le seigneur n'était aucunement tenu de reconnaître les charges, servitudes et hypothèques constituées par son vassal, pas même le douaire de sa femme et de ses enfants.

Les mêmes causes qui faisaient perdre au vassal son fief dépouillaient le seigneur de sa tenure féodale sur son vassal; c'est-à-dire que, si le seigneur se rendait coupable envers son vassal de quelque délit considérable, il perdait les droits qu'il avait sur lui, lesquels étaient à l'instant dévolus au seigneur suzerain. (*Voy.* le *Traité des fiefs*, de Dumoulin, publié par Henrion de Pansey. Paris, 1773, in-4°, titre XII, *De la commise.*)

9° *Démembrements des fiefs et réunions.* —En règle générale, les fiefs, propriété incommutable des vassaux, pouvaient être vendus, engagés et aliénés par eux, en tout ou en partie, sans le consentement de leur seigneur. Seulement l'aliénation du fief tout entier ne pouvait se faire qu'avec démission de foi, et le nouvel acquéreur était tenu d'en faire la foi et hommage, et de payer les droits au seigneur. Par contre, une aliénation partielle du fief, avec ou sans démission de foi, constituait un démembrement de fief, lequel n'était valable à l'égard du seigneur que de son consentement. Néanmoins, les coutumes autorisaient le vassal à *se jouer* de son fief, c'est-à-dire à l'aliéner jusqu'à concurrence des deux tiers au plus, avec rétention de sa foi et hommage pour tout le fief, et sous la réserve d'un droit domanial et seigneurial sur la partie aliénée. Dans ce cas, le seigneur ne pouvait exiger de l'acquéreur la foi et hommage, ni les droits ordinaires pour la partie aliénée; car le vassal était réputé n'en avoir pas perdu la propriété. Quelques coutumes défendaient absolument ce mode d'aliénation, tandis que d'autres au contraire (Orléans, Péronne) permettaient la vente des deux tiers, avec démission de foi, et sans réserve d'un droit domanial. Une ordonnance de Louis XI, restée en vigueur, interdisait absolument le jeu des fiefs tenus immédiatement de la couronne.

Après avoir parlé des démembrements de fiefs, il est à propos de dire quelques mots des *réunions*. C'était une règle universellement suivie, que tout héritage acquis par un seigneur de fief en sa censive était réuni de plein droit à son fief, même sans le consentement du seigneur dominant. La confusion s'opérait également quand le propriétaire des héritages censuels acquérait le fief dans la censive duquel ils étaient situés, et quand les fiefs servant et dominant se trouvaient réunis sur la même tête, pour quelque cause que ce fût. Par une application de ce principe, les rotures acquises pendant la communauté étaient réunies de plein droit au fief du mari; l'acceptation ou la répudiation de la communauté par la femme ou ses héritiers réduisait l'effet de la réunion à la moitié de ses acquêts, ou la confirmait pour le tout. Les arrière-fiefs, possédés par le roi lors de son avénement au trône, étaient aussi réunis de plein droit à son domaine, et l'on justifiait cette réunion exceptionnelle, en disant que le roi ne pouvait relever de ses sujets.

Dans ces différentes hypothèses, la réunion ne pouvait être empêchée que par une déclaration contraire, faite, en termes exprès, dans le contrat ou au commencement même de l'acquisition qui devait l'opérer.

10° *Directe seigneurie*. — L'on désignait ainsi le droit seigneurial ou domanial constaté, pour les terres nobles, par les droits dont on a vu le détail plus haut, et, pour les héritages roturiers, par différentes redevances, savoir : le cens (on appelait *cens* les redevances annuelles dont les héritages étaient chargés, et cette déviation de l'acception originaire de *census* était fort ancienne; *voy.* de Laurière, *Coutume de Paris*, tom. I, p. 188), la rente foncière, le champart, les lods et ventes, la saisine. Toutes ces redevances ne pouvaient être dues qu'au seigneur du fief ou du franc-alleu noble; elles étaient nobles, et les héritages qui en étaient grevés ne pouvaient être que roturiers.

Le *cens*, censive, *fonds de terre* (Paris, 74 et 75) chef-cens, croist de cens, se payaient en argent ou en nature. Le cens était dit *requérable* ou *à queste*, lorsque le seigneur était obligé de le demander (Blois), et *non-requérable*, lorsqu'il était dû sans sommation, à jour et en lieu fixes (Paris, Maine); le droit commun était pour le cens non-requérable. Le cens était généralement divisible, et se partageait entre les différents détenteurs de l'héritage; quelques coutumes cependant (Maine, Lorraine, Nivernais) le déclaraient indivisible. Le seigneur de fief ou de franc-alleu noble pouvait seul constituer le cens sur l'héritage par lui aliéné; la constitution de cens, par le possesseur de l'héritage qui en était grevé envers le seigneur, entraînait, en Nivernais, la confiscation de l'héritage; mais le droit commun se contentait de la déclarer nulle.

Le cens était considéré comme une charge des fruits : il devait se payer dans l'espèce et la quantité portées en la constitution du cens, et il ne pouvait se perdre par prescription, au moins dans les pays où dominait la règle *Nulle terre sans seigneur*. Indépendamment de la redevance, le *sujet censier* était tenu de différentes obligations, au premier rang desquelles il faut placer la défense de démolir ou détériorer l'héritage chargé du cens, ou d'en changer la face au détriment du seigneur.

Le seigneur censier avait différentes voies d'exécution contre son sujet. Plusieurs coutumes (Paris, Amiens, Auxerre) statuaient que, faute de payer le cens au jour et au lieu fixés, celui-ci encourait envers le seigneur une amende évaluée, par la coutume de Paris, à cinq sols parisis, et par d'autres coutumes, à cinq sols tournois. Cette amende n'était due généralement qu'une seule fois pour plusieurs années de cens non payé; mais le seigneur pouvait procéder plus efficacement par la saisie des fruits pendants par racines (*brandon*). Cette saisie ne pouvait d'ailleurs se faire que pour trente années d'arrérages au plus, et le débiteur du cens en obtenait dans tous les cas la mainlevée, en consignant les arrérages de trois années.

La *rente foncière* n'était pas, comme le cens, une reconnaissance nécessaire de la directe seigneurie. Elle pouvait être constituée par toute personne qui aliénait son héritage, et ses caractères distinctifs étaient seulement de grever le fonds lui-même et de n'être pas rachetable. La rente foncière *seigneuriale*, dont nous parlons ici, se constituait par l'aliénation faite par un seigneur féodal, sans démission de foi, à la charge de foi et hommage ou de cens envers lui, avec une rente foncière, ou à la charge de la rente seulement. Cette dernière stipulation emportait, comme l'autre, directe seigneurie et les droits seigneuriaux. Quand l'aliénation de partie du fief, à charge d'une rente foncière, se faisait avec démission de foi, la rente n'était plus seigneuriale, mais *noble*. Les principes relatifs aux obligations du débiteur et à l'exécution étaient les mêmes que pour le cens; mais la rente foncière était indivisible, même dans les pays où le cens était divisé.

Le *champart* ou *torsage*, redevance d'une gerbe sur douze ordinairement, n'emportait directe seigneurie que quand il était constitué sans autre droit seigneurial. Il pouvait porter non-seulement sur le blé, mais sur l'avoine, l'orge, les pois, fèves, etc. Le débiteur ne pouvait changer la nature de son fonds sans le consentement du seigneur, et devait prévenir celui-ci avant d'enlever la récolte. Le seigneur était généralement tenu de faire enlever ses gerbes à ses frais et dépens.

Les *droits de lods et ventes* (honneurs, accordements, gants et ventes) étaient fixés diversement suivant les coutumes : à Paris, ils étaient du douzième du prix de vente; ailleurs du huitième ou sixième. Ils étaient dus de plein droit aux seigneurs censiers ou directs, dans le cas de vente ou d'acte équivalent à la vente. Nous avons déjà dit qu'ils étaient pour les rotures ce que le quint et le requint étaient pour les fiefs. Le seigneur pouvait poursuivre le détenteur pour les droits dus par ses prédécesseurs, à moins qu'ils ne fussent éteints par la prescription ordinaire de dix ou vingt ans. Les lods et ventes ne se poursuivaient d'ailleurs que par voie d'action et non par la saisie du fonds ou des fruits; mais, dans le cas où la vente aurait été recélée (c'est-à-dire non notifiée au seigneur), le sujet censier était passible d'une amende que la coutume de Reims fixait à dix sols parisis, et qui s'élevait à Paris et en d'autres lieux à un écu $\frac{1}{4}$.

La *saisine*, ou plutôt l'*ensaisinement*, n'était pas exigée en général pour l'acquisition de la propriété, mais seulement pour assurer l'acquéreur contre les droits des tiers. Elle pouvait dès lors, au gré de l'acquéreur, être prise ou négligée : celui qui la prenait payait à ce titre un droit de douze deniers parisis au seigneur censier.

SECT. III. — *Du franc-alleu*.

L'on appelait franc-alleu, ou tenu en franc-alleu, tout héritage qui n'était sujet à aucuns devoirs ni droits seigneuriaux, tant honorifiques (comme la foi et hommage) que pécuniaires (comme cens, quint, relief, etc.), en reconnaissance de la directe seigneurie. Il prenait le titre de *franche-aumône*, quand il était possédé par gens de mainmorte. Le franc-alleu pouvait d'ailleurs être soumis à une justice royale ou seigneuriale [1], et même être chargé de quelque redevance annuelle, perpétuelle et non rachetable, pourvu qu'elle n'emportât pas directe seigneurie. Le franc-alleu *noble* était celui qui avait fief ou censive en relevant, ou justice annexée ; celui qui n'avait aucune de ces marques de noblesse était dit *roturier*. Un fief ou un héritage tenu en censive pouvait prendre de diverses manières la qualité de franc-alleu : 1° quand le seigneur dominant le déchargeait de tous devoirs et droits seigneuriaux ; 2° par la prescription. Enfin le vassal pouvait constituer un franc-alleu relatif, en donnant à ce titre une partie de son domaine : cette aliénation ne dépouillait pas le seigneur de ses droits ; mais, vis-à-vis du vassal, elle avait tous ses effets, et, quant à lui, l'acquéreur tenait la terre en franc-alleu. Le franc-alleu perdait sa qualité par la soumission de son propriétaire à la directe seigneurie, mais non par le seul fait de son acquisition par un seigneur féodal ou censier. En quelques coutumes, la présomption était pour le franc-alleu (*coutumes allodiales;* Troyes, Chaumont, Vitry) ; mais, suivant le droit commun, et en vertu de la règle *Nulle terre sans seigneur,* l'on tenait que nul ne pouvait avoir de franc-alleu s'il n'en justifiait par titres. Seulement l'on jugeait que, pour fournir cette preuve, il n'était pas nécessaire de produire le titre original et primitif de la concession en franc-alleu, et qu'il suffisait de rapporter des contrats d'acquisition et de partages anciens, exprimant cette qualité.

SECT. IV. — *Des propres*.

L'on distinguait deux classes de propres : les propres de succession et les propres de communauté. La première classe compre-

---

1. Tenir en franc-alleu est tenir seulement de Dieu, fors quant à la justice.—*Somme rurale.*

naît : 1° tout héritage ou droit immobilier échu par succession directe, ou par donation directe au profit des descendants. C'était là le principe ; mais, dans l'intérêt de la conservation des biens dans les familles, cause première de toute cette distinction, on l'étendait à divers cas qui ne rentraient pas directement sous la règle. Ainsi le propre donné par l'un des conjoints à l'autre, et échu aux enfants issus de leur mariage par succession du donataire, conservait en leurs personnes la qualité de propre du côté et ligne du donateur ; 2° les immeubles échus aux ascendants par la succession de leurs enfants, ou aux collatéraux par succession directe.

L'on distinguait les propres de succession en propres anciens et en propres naissant, selon qu'ils avaient ou non fait souche dans la ligne directe. Ainsi le propre ancien était un bien provenant de l'héritage des ancêtres, et qui avait fait souche plusieurs fois en ligne directe. Le propre naissant était un bien acquis par les père et mère du *de cujus*, et qui, lui étant échu par leur succession, avait commencé à faire souche en sa personne. On donnait même ce nom au bien qui était échu par succession collatérale de celui auquel il était acquêt. On appelait *acquêt* l'héritage acquis à titre onéreux ou lucratif, excepté le titre de succession en ligne directe ou collatérale, ou de donation en ligne directe. Quant aux donations faites en collatérale, elles étaient acquêts dans tous les cas.

On nommait *propres de communauté* les biens qui n'entraient pas dans la communauté conjugale, dont il sera parlé plus tard, soit que ces biens fussent propres par leur nature, tels que ceux que nous venons de définir, et appartenant au mari ou à la femme avant le mariage ; soit que ces biens fussent stipulés *propres* par convention particulière, par exemple, lorsqu'il était dit au contrat de mariage qu'une partie des deniers dotaux demeurerait propre à la femme, ou que ce qui lui écherrait, par succession ou autrement, lui tiendrait lieu de *propre*. Le propre de communauté était donc un propre fictif, et le plus souvent un immeuble fictif.

On pourrait bien distinguer encore d'autres catégories de propres ; mais ce que nous avons dit suffit pour le but que nous nous proposons dans cette exposition sommaire.

SECT. V. — *Des modifications de la propriété.*

On distinguait dans la doctrine trois sortes de servitudes ou modifications de la propriété : les servitudes personnelles, les mixtes et les réelles.

Les *servitudes personnelles* étaient celles qui assujettissaient une personne à une autre, comme les esclaves envers leurs maîtres, dans nos colonies, ou comme les serfs de mainmorte envers leurs seigneurs sur le continent français. Le droit qui régissait les esclaves était calqué sur le droit romain, ainsi qu'on peut s'en assurer en parcourant le *Code noir*. Pour les mainmortables, nous en avons parlé ailleurs, et nous n'y reviendrons pas.

On nommait *servitudes mixtes* celles qui assujettissaient une chose à une personne, comme dans l'usufruit, le droit d'usage et le droit d'habitation. On appelait aussi *personnelles* ces sortes de servitudes; mais la dénomination est moins exacte, en ce qu'elle se tirait, non de la chose asservie, mais de la personne dominante. Quoi qu'il en soit, nos coutumes étaient généralement muettes sur ces diverses modifications du droit de propriété, et le droit commun, en matière d'usufruit contractuel, était encore le droit romain; quant à l'usufruit légal, il était réglé par d'autres principes, et nous avons eu l'occasion de les exposer. Nous nous bornerons donc, pour ce qui touche l'usufruit, à renvoyer aux Institutes de Justinien et aux sources connues du droit romain, lesquelles avaient peu reçu d'altération dans la pratique française. (Voyez Pothier et Lalaure, *Traité des servitudes.*)

Les droits d'usage étaient peu fréquents dans les habitudes de nos pères; mais ils pratiquaient une espèce d'usage qui était inconnue aux Romains : je veux parler des droits d'usage appartenant soit aux communes, soit aux habitants des villages sur les bois avoisinants. L'ordonnance de 1669 avait réglé cette matière à défaut de titres particuliers. Les coutumes avaient aussi, à cet égard, une sorte de droit commun; ainsi, les habitants voisins des bois taillis pouvaient y mener paître leurs bestiaux en vaine pâture, tant que les bois n'étaient pas *en défense*, c'est-à-dire trois, quatre ou cinq ans après la coupe selon les lieux. On appelait *vaine pâture* les herbes qui croissent sous les bois, à la différence de la glandée, qui était toujours réservée aux maîtres de la forêt, à moins que les usagers n'eussent titre exprès.

Il y avait une autre espèce d'usage introduit par les coutumes dans une vue d'utilité publique, et qui consistait à permettre aux habitants voisins de mener paître leurs bestiaux, à l'exception des porcs, dans les prés d'autrui qui étaient *en prairie*, c'est-à-dire, aussitôt que les foins et regains ou revivres étaient fauchés et hors du pré. On pouvait s'affranchir de cet usage par la clôture du pré ; mais quant à l'usage dans les forêts, le propriétaire ne pouvait abattre son bois sans indemniser les usagers. (*Voy.* la coutume de Nivernais et Coquille, *ibid.*)

On nommait enfin *servitude réelle* le droit en vertu duquel un héritage était assujetti à une charge pour l'usage ou l'utilité d'un héritage voisin. Ici encore le droit romain formait le fond du droit commun ; mais les coutumes y avaient ajouté diverses dispositions particulières.

Malgré le principe que les héritages sont naturellement libres, et que le propriétaire seul, par conséquent, peut les grever d'une charge permanente, l'ancien droit français avait, comme le Code civil, ses servitudes légales à côté de celles résultant du fait de l'homme. Parmi les premières, les plus importantes étaient celles qui se fondaient sur les rapports de voisinage. Faites en général pour les villes, les coutumes réglaient surtout avec un soin particulier la matière de la mitoyenneté, et le Code leur a emprunté en ce point la plupart de leurs dispositions, mais avec quelques modifications.

La règle à peu près universelle était que tout mur séparant les maisons, cours, jardins et *autres héritages*, était réputé mitoyen ou moitoyen (comme on disait par une fausse étymologie du mot) ; tandis que le Code n'admet, on le sait, la présomption de mitoyenneté que pour les murs séparant les bâtiments, les cours et jardins, ou les enclos dans les champs, et fait céder cette présomption non-seulement devant un titre, mais encore devant une marque contraire (Code civ., 653). Chaque propriétaire avait le droit de percer ou démolir le mur mitoyen, à la charge de le rétablir incessamment à ses frais et dépens ; cependant, il ne pouvait procéder à cette démolition qu'après signification faite à son voisin, sous peine de tous dommages et intérêts. Celui-ci, à son tour, était tenu de donner passage [1] sur son fonds pour les

___

1. *Donner et prêter patience.* — Orléans, Bourbonnais et beaucoup d'autres.

travaux à faire de son côté, s'il n'aimait mieux en décharger celui qui, ayant opéré la démolition, était obligé de relever le mur. Si le mur mitoyen se trouvait avoir besoin de réparations, chaque propriétaire pouvait contraindre son voisin de le rétablir ou de contribuer à son rétablissement dans la mesure de son héberge (*voy.* le *Grand coutumier*, liv. II, chap. 38) et de la portion qui lui appartenait; quelques coutumes seulement (Troyes, Normandie, Châlons, Auxerre et Sens) permettaient de se décharger de cette obligation, en renonçant à sa part de propriété sur le mur mitoyen. Il était expressément défendu de placer ses poutres dans un mur non mitoyen; et dans un mur mitoyen même, on ne pouvait le faire qu'à la condition de le mettre en état de les porter s'il ne l'était pas. Quelques coutumes aussi (Paris, Étampes, Mantes, Melun) défendaient de placer les poutres au delà de la moitié du mur; mais, suivant l'usage général, consacré par plusieurs coutumes, l'on pouvait les faire poser sur toute la largeur du mur mitoyen, à moins que les deux voisins n'en voulussent placer au même endroit. Chaque propriétaire avait le droit de hausser le mur mitoyen sans le consentement du voisin, en lui payant les charges, et à la condition de fortifier le mur, si besoin était; les charges à payer au voisin consistaient dans le sixième du prix de rechargement. Il était expressément défendu de rien faire contre le mur mitoyen qui le pût endommager. Ainsi l'on ne pouvait adosser contre lui étable, cheminées, âtres, forge ou fourneau, ni avoir jardin ni terres labourables, à moins de faire un contre-mur. Quelques coutumes cependant permettaient de construire les cheminées dans toute l'épaisseur du mur mitoyen, ou jusqu'au milieu, ou jusqu'au tiers. L'usage était, à Paris, de les adosser contre le mur.

Une autre servitude légale qui se rattache à la matière de la mitoyenneté, est la faculté appartenant à tout propriétaire de construire contre le mur du voisin, en lui payant la moitié selon sa juste estimation.

Il était défendu, par la coutume de Paris, d'avoir fossés à eaux ou cloaques, à moins de six pieds de distance des murs mitoyens appartenant aux voisins. Les fossés à eaux ou cloaques situés entre deux héritages étaient à celui sur lequel se trouvait le rejet; autrement ils étaient communs, et se vidaient alternativement. Celui du côté duquel se faisait la vidange ne payait qu'un tiers des frais.

Le mur de clôture, c'est-à-dire le mur séparant des héritages non bâtis, était présumé mitoyen, à moins de titre ou *marque* contraire. Les filets, plinthes ou corbeaux délaissés des deux côtés étaient signes de mitoyenneté, et, quand ils n'étaient que d'un côté, ils marquaient que le mur était pour le tout à celui du côté duquel ils se trouvaient. Quelques coutumes, et spécialement celle de Paris, autorisaient chaque propriétaire à contraindre son voisin, dans les villes et faubourgs, de faire séparation de leurs maisons, cours et jardins, par un mur dont la hauteur variait de neuf à douze pieds; d'autres, au contraire (Sens, Auxerre, Lille), n'admettaient pas cette servitude légale.

Les droits de vue étaient aussi réglés avec un soin extrême par les coutumes. Le premier principe en cette matière était qu'on ne pouvait avoir, sans le consentement de son voisin, vue, trou ou fenêtre dans le mur qui lui appartenait entièrement, ni même dans le mur mitoyen. Quant au mur qu'on possédait en entier, l'on ne pouvait y pratiquer des fenêtres et vues droites à hauteur d'appui, sur l'héritage d'autrui, qu'à une distance de six pieds entre le mur où les vues étaient faites et le point de milieu qui sépare les deux héritages. Cependant on pouvait avoir des vues droites sans cette condition sur les héritages de la campagne et dans les villes, quand le mur où elles se trouvaient joignait une rue ou un chemin public. Sauf cette exception, l'on ne pouvait, à une distance de moins de six pieds, avoir que des vues et fenêtres à fer maillé et verre dormant, placées à neuf pieds au-dessus du plancher pour le rez-de-chaussée, et à sept pieds pour les autres étages.

Quant aux servitudes résultant du fait de l'homme, nous ne mentionnerons que le principe général suivant lequel elles ne pouvaient être établies que par titre ou par destination du père de famille. La question de savoir si la *destination du père de famille* devait être admise dans la jurisprudence des pays de droit écrit avait d'abord été controversée, puis elle avait reçu une solution affirmative. (*Voy.* les *Éléments de jurisprudence* de Julien, et le *Commentaire* du même auteur sur les *statuts de Provence*.) La prescription acquisitive était universellement proscrite pour toute espèce de servitude. La seule servitude de passage s'acquérait, sans titre, dans le cas d'enclave, et prenait alors le caractère de servitude légale.

Le principe qui excluait l'acquisition des servitudes par prescription ne s'appliquait pas à leur extinction. La liberté contre la servitude s'acquérait au contraire par la prescription de dix et vingt ans, avec titre et bonne foi.

Nous avons donné, dans ce qui précède, l'analyse de toutes les dispositions intéressantes des coutumes sur la matière; le surplus de la théorie des servitudes était emprunté au droit romain et ne rentre pas dans notre sujet.

LIVRE III. — DES DIVERS MODES DE TRANSMISSION DES PROPRIÉTÉS.

SECT. I. — *Des successions.*

Chaque coutume avait ses règles particulières pour les successions, et nous dépasserions de beaucoup les limites nécessaires de ce résumé, si nous nous proposions d'en épuiser le détail. Mais au-dessus de cette diversité de coutumes planait, si l'on peut ainsi dire, une certaine uniformité dans les points fondamentaux, et comme un air de famille que nous nous attacherons à reproduire.

Un premier principe admis à peu près universellement dans les coutumes, c'est que la loi seule pouvait faire un héritier, et que la volonté de l'homme en était incapable. Les seuls héritiers, reconnus dans la France coutumière, étaient donc les parents, ou, à leur défaut, le mari et la femme, ou les seigneurs hauts justiciers. Les parents se divisaient en trois lignes : la ligne directe descendante, la ligne directe ascendante et la collatérale, et cette division était, en général, le point de départ de l'ordre de succession.

Toutes les coutumes suivaient la maxime fameuse, *Le mort saisit le vif son hoir plus proche habile à succéder;* d'où l'on tirait plusieurs conséquences importantes : 1° celui qui se trouve habile à succéder à un défunt au moment de son décès est saisi, dès ce moment, sans appréhension de fait, ni permission du juge; la coutume de Bretagne (art. 517) avait seule une disposition contraire pour la succession collatérale; 2° l'héritier présomptif d'un défunt, décédé lui-même avant d'avoir accepté une succession ou d'y avoir renoncé, transmet ses droits à ses héritiers ou autres successeurs; 3° celui qui n'est ni conçu, ni né, au temps de l'ouverture de la succession, n'est pas capable de la recueillir. Les coutumes excluaient en outre l'absent, après sept ans; elles le présumaient mort du jour de ses dernières nouvelles. Étaient également exclus de la succession les morts civils, et, à ce titre, les religieux et religieuses; c'était une règle générale de la France coutumière, et l'on n'en exceptait que les Pères de l'Oratoire, parce que la bulle de leur institution en France en portait une disposition expresse. Nous avons déjà parlé de l'exclusion prononcée contre les bâtards et les aubains. Entre plusieurs autres causes d'exclusion, qui appartiennent plutôt aux ordonnances qu'aux coutumes, nous mentionnerons celle qui se fondait sur une renonciation donnée par les filles, dans leur contrat de mariage, pour les successions à échoir de leurs père et mère qui les avaient mariées et dotées. Cette renonciation n'était valable qu'autant qu'elle était faite en faveur de l'aîné ou des mâles, condition qui en explique suffisamment la portée et l'esprit. Quelques coutumes n'exigeaient pas même que la renonciation fût expresse, et statuaient que les filles apanagées, fût-ce d'*un chapeau de roses seulement,* étaient exclues de plein droit de la succession de leurs père et mère qui les avaient dotées.

La jurisprudence coutumière et les coutumes avaient porté une grave atteinte au principe que la loi seule fait les héritiers, en empruntant au droit romain le principe de l'exhérédation, sanctionné d'ailleurs par plusieurs ordonnances.

Une seconde règle, commune à toute la France coutumière, portait que *Nul n'est héritier qui ne veut,* c'est-à-dire que l'héritier présomptif pouvait renoncer aux successions qui lui étaient échues. Cependant l'on jugeait qu'il ne pouvait renoncer en fraude de ses créanciers, et que ceux-ci étaient recevables à accepter en son nom, à leurs risques et périls. La coutume de Normandie en avait une disposition expresse. Une fois faite, l'acceptation ou la renonciation était définitive pour le majeur. L'acceptation était expresse ou tacite : l'une s'opérait par simple déclaration, faite par un acte judiciaire; l'autre résultait d'actes qui ne pouvaient être faits qu'en qualité d'héritier, par exemple vente ou louage des biens de la succession, payement des dettes, vente ou donation des droits successifs.

L'héritier pur et simple était tenu de toutes les dettes, et, s'il

y en avait plusieurs, ils en étaient tenus en commun, chacun
pour sa part dans la succession. On jugeait que l'insolvabilité
de l'un des héritiers retombait sur les créanciers, et non sur ses
cohéritiers; cependant cette décision n'était pas admise sans
opposition. Le bénéfice d'inventaire, qui modérait cette obligation, s'obtenait par lettres de chancellerie, et produisait les
mêmes effets que dans le droit romain et dans notre droit actuel;
disons seulement que l'héritier bénéficiaire était exclu par l'héritier pur et simple, en ligne collatérale; mais il en était autrement en ligne directe, suivant la disposition des coutumes de
Paris et d'Orléans étendue à toutes les autres par une jurisprudence établie. (Voy. Argou, tome Ier, page 388.)

Presque toutes les coutumes prohibaient le cumul de la qualité d'héritier et de légataire; quelques-unes seulement (Péronne
et Reims) l'autorisaient. La règle n'avait lieu d'ailleurs que dans
le cas d'existence d'un autre héritier, et elle s'appliquait également au cumul de la qualité d'héritier et de douairier. Quant
à la qualité de donataire, elle pouvait généralement être réunie
à celle d'héritier en ligne collatérale; mais il en était autrement
en ligne directe, où les héritiers étaient tenus de rapporter ce
qu'ils avaient reçu. (Voy. le savant rapport de M. le conseiller
Poriquet, reproduit dans le *Commentaire* de M. Chabot de
l'Allier sur les successions. Art. 845 du Code civil.)

A défaut d'héritiers en ligne directe, la succession appartenait
aux seigneurs hauts justiciers par droit de déshérence; quelques
coutumes préféraient le survivant des conjoints. (Berry, liv. XIX,
art. 8.)

C'était également un principe général de droit coutumier, que
les successions se réglaient d'après la nature des biens qui les
composaient, meubles, acquêts ou propres, et que les dettes se
partageaient entre les héritiers et les successeurs universels,
dans la proportion de leur émolument; cette dernière règle,
toutefois, contient une exception en faveur des aînés, qui,
nonobstant leur préciput et droit d'aînesse, n'étaient tenus que
d'une part de dettes égale à celle de leurs cohéritiers.

Après avoir ainsi exposé brièvement les règles générales de la
matière, nous allons maintenant passer en revue les différents
ordres de succession.

1° *Succession directe des descendants.* — Les enfants venant à la succession de leurs père et mère partageaient également tous leurs biens meubles, acquêts, conquêts et propres. Il fallait pourtant excepter les fiefs et francs alleux nobles, comme nous le verrons plus loin. La coutume de Ponthieu se distinguait des autres en ce qu'elle n'admettait qu'un héritier, qui était le fils aîné, ou, à son défaut, l'aînée des filles, et ne réservait aux autres enfants ensemble que le quint viager. Quelques coutumes statuaient aussi qu'entre les nobles, les successions se partageaient noblement, ce qui assurait de grands avantages à l'aîné. Il était généralement défendu aux père et mère d'avantager, par dispositions entre-vifs ou testamentaires, leurs enfants venant à leur succession; cependant les coutumes de Laon, de Reims, etc., autorisaient ces avantages, et, dans les autres, il était toujours loisible à ces enfants de renoncer à la succession, pour s'en tenir à leur don ou legs, en réservant la légitime aux autres enfants.

Sauf les coutumes de Chauny, Boulonnais, Hainaut et Auxerre, la représentation était partout admise en ligne directe à l'infini; mais cette disposition, conquête des principes d'équité, n'avait pas réussi à triompher de tous les doutes, et l'on décidait volontiers qu'elle n'avait pas lieu en cas de succession à un royaume ou à une principauté. La coutume de Paris et plusieurs autres, tirant du principe une conséquence logique, mais non universellement adoptée, statuaient que les fils et même les filles de l'aîné, venant à la succession de leur aïeul ou aïeule, représentaient leur père au droit d'aînesse; d'autres, au contraire, ne faisaient jouir de ce bénéfice que les fils du prédécédé. Malgré le principe qu'on ne représente pas les personnes vivantes, le Parlement de Paris avait jugé que, quand tous les enfants vivants avaient renoncé, leurs descendants venaient à la succession par souches. Une autre dérogation au même principe, admise par la jurisprudence, portait que les enfants du condamné à mort succédaient de leur chef à leur aïeul, par une subrogation légale de l'enfant au degré de son père.

Nous avons dit que, dans la succession aux fiefs ou francs alleux nobles, le principe d'égalité n'était pas observé. Toutes les coutumes admettaient en effet, dans ce cas, au profit du fils aîné ou de ses représentants, en principe, un droit d'aînesse, et quelques-unes même en faisaient jouir, à leur défaut, l'aînée des filles (Angoulême, Touraine). Dans le Poitou, le Maine et l'An-

goumois, le droit d'aînesse était admis, même en ligne collatérale. Les père et mère ne pouvaient préjudicier au droit d'aînesse
par aucun acte entre-vifs ou testamentaire, pas même par un
contrat de mariage dans lequel ils auraient donné un fief en dot
à leur fille ; mais la disposition testamentaire en faveur d'un
étranger échappait à cette prohibition. Par la plupart des coutumes, le droit d'aînesse conférait à celui qui en jouissait, pour
son préciput, en chacune des successions du père et de la mère,
un hôtel ou manoir tenu en fief, avec toutes ses dépendances,
et un arpent de l'enclos, s'il y en avait. Si, dans la succession du
père ou de la mère, il n'y avait qu'un seul manoir, l'aîné prenait le tout pour son préciput, sauf aux puînés leur légitime ou
douaire sur le fief ; la coutume de Melun, cependant, faisait
céder en ce cas le droit d'aînesse et statuait que le fief se parta-
gerait par moitié entre l'aîné et les puînés. Lorsque l'aîné concourait avec un seul héritier, il prenait en outre les deux tiers
de tous les héritages et droits tenus noblement, et la moitié
lorsqu'il était en concurrence avec deux ou plusieurs autres enfants. Suivant quelques coutumes même, les puînés tenaient
leurs portions de l'aîné, qui prenait le nom de *parageur*,
tandis qu'eux recevaient celui de *parageaux* (Anjou, Maine,
Tours, Poitou, Loudunois, Bretagne et Normandie).

Les enfants venant à la succession de leurs père et mère
étaient généralement tenus, comme on l'a vu, de rapporter en
nature ou en moins prenant les dons et avantages qu'ils en
avaient reçus, et cette obligation atteignait, par une présomption
de fraude, les donations faites à l'enfant de l'héritier. Dans les
successions directes partagées par souches, chaque souche était
obligée de rapporter les dons faits à chacun des membres de la
même souche : ainsi le petit-fils, venant à la succession, était
tenu de rapporter non-seulement les avantages faits par l'aïeul
à son père, quoiqu'il eût renoncé à sa succession, mais encore
ceux faits à ses frères et sœurs, même renonçant. On dispensait
du rapport les offices de la maison du roi, les frais d'étude et
d'entretien ou d'équipage de guerre. Quelques coutumes y
soumettaient les frais faits pour parvenir au grade de docteur
(Reims, Vermandois, Châlons) ; mais les cours étaient généralement moins rigoureuses en ce cas, quoiqu'elles jugeassent
soumis au rapport les frais faits pour apprendre un métier ou
pour acquérir la maîtrise.

Lorsque l'enfant donataire avait les choses en sa possession au moment du partage, il pouvait à son gré les rapporter en nature, ou en moins prenant dans les autres biens de la succession ; au dernier cas, les cohéritiers prélevaient leur récompense en choses de même espèce, valeur et qualité, ou en argent, suivant leur volonté. Quant aux legs, le rapport s'en faisait toujours en nature. Les fruits des héritages et les intérêts des capitaux donnés se rapportaient du jour de l'ouverture de la succession, et, en quelques coutumes, du jour de la provocation à partage (Orléans, Calais, Bar).

2° *Succession directe des ascendants.* — La plupart des coutumes appelaient les père et mère, et, à leur défaut, les autres ascendants, à la succession dans les meubles, acquêts ou conquêts immeubles de leurs enfants décédés sans postérité, à l'exclusion de tous collatéraux. Quelques-unes faisaient concourir les père et mère avec les enfants, dans la succession aux meubles et aux acquêts ou conquêts immeubles (Ribemont, Bourgogne, Bourbonnais), et d'autres leur attribuaient dans ce cas la propriété des meubles et l'usufruit des immeubles (Berry, Anjou, Maine). Les père et mère, concourant ensemble, partageaient également ; dans la seule coutume de Normandie le père excluait la mère. La représentation n'avait pas lieu entre les ascendants, non plus que le rapport. Les ascendants, par contre, ne succédaient pas aux propres : les père et mère seuls y succédaient pour l'usufruit, la propriété réservée aux parents collatéraux du côté et ligne du prédécédé. Cependant ils succédaient aux immeubles par eux donnés à leurs enfants décédés sans postérité, et ce droit constituait un pur droit de succession, et non un droit de retour ou de réversion.

3° *Succession collatérale.* — C'est ici que régnait la plus grande diversité suivant la nature des biens.

Art. 1ᵉʳ. *Succession collatérale des meubles et acquêts tenus en roture.* — A l'égard de ces biens, le principe était que le plus proche excluait le plus éloigné, et que ceux qui se trouvaient en pareil degré succédaient également. Quelques coutumes cependant partageaient entre les deux lignes, paternelle et maternelle, et toutes admettaient la représentation en faveur des neveux et nièces, concourant avec leur oncle ou tante, mais non en faveur des neveux et nièces, concourant seuls ensemble. Quelques coutumes admettaient la représentation à l'infini (Montargis, Blois, Senlis, Clermont, Boulonnais); celle de Meaux l'excluait complétement. Le rapport, par contre, n'avait pas lieu en ligne collatérale, excepté suivant les coutumes de Tours, Anjou et Maine. Quelques coutumes admettaient la prérogative du double lien, soit à l'infini (Blois, Montargis), soit jusqu'aux neveux inclusivement (Orléans, Saintonge), soit à l'égard des frères et sœurs seulement (Saint-Quentin, Dreux); d'autres ne la recevaient en aucun cas (Paris, Melun, Sens, etc.), et c'était le principe appliqué dans les coutumes qui n'en parlaient pas. Cette prérogative, en tout cas, n'avait lieu que pour les biens meubles et les acquêts.

Art. 2. *Succession collatérale des fiefs.* — Une règle à peu près universelle, en cette matière, était qu'il n'y avait pas de droit d'aînesse.; mais, par contre, les mâles excluaient presque partout les femmes, lorsqu'ils se trouvaient au même degré. La coutume d'Auxerre faisait exception en ce dernier point : quand il s'agissait d'un fief propre de ligne, la fille de cette ligne excluait les mâles qui n'en étaient point. L'on tenait que les filles venant par représentation d'un mâle n'étaient pas relevées de leur incapacité relative, et, en sens inverse, que les mâles venant par représentation d'une fille étaient écartés par les parents mâles qui se trouvaient au même degré que celle-ci. La coutume d'Orléans cependant admettait les filles à représenter leur père dans son privilége de masculinité.

Art. 3. *Succession collatérale des véritables propres naturels.* — Ici la succession était déférée aux parents les plus proches du côté et ligne dont les biens étaient advenus et échus au défunt, sauf le bénéfice de la représentation, et sauf aussi, pour les fiefs, le privilége de masculinité. Par quelques coutumes, appelées *souchères*, il fallait, pour succéder aux propres, être descendu en ligne directe du premier acquéreur (Mantes, Tours, Reims, Montargis); suivant d'autres (Paris, Meaux), il suffisait d'être parent du côté et ligne de celui par qui l'héritage était entré dans la famille; enfin, d'après quelques autres coutumes il suffisait que l'on fût plus proche parent du défunt du côté de son père ou de sa mère, sans remonter plus haut, ni rechercher l'origine des acquisitions (Chartres, etc.). Généralement, quand il n'y avait pas de parents du côté et ligne dont étaient les héritages, la succession était déférée au survivant des père et mère, et à son défaut, aux plus proches collatéraux de l'autre ligne.

Art. 4. *Succession des propres fictifs ou conventionnels.* Les propres fictifs, ainsi que nous l'avons dit plus haut, étaient les sommes ou effets mobiliers, investis de la qualité de propres par des clauses et stipulations insérées dans les contrats de mariage. Leur succession se réglait diversement, selon la diversité de ces stipulations. Il est inutile d'insister sur ce point, qui n'était après tout qu'une interprétation de conventions.

Les détails dans lesquels nous venons d'entrer, et où nous sommes très-loin d'avoir épuisé la matière, suffisent pour montrer combien, sous notre ancien droit, la matière si importante des successions se trouvait compliquée, et peut faire apprécier l'étendue du service que les rédacteurs du Code civil ont rendu en la simplifiant, comme ils l'ont fait, et en la résumant dans une législation puisée aux sources les plus pures du droit commun ancien et de la raison moderne.

Sect. ii. — *Des donations et des testaments.*

1° *Des donations entre-vifs.* — La donation entre-vifs était régie, quant à la forme, par les Ordonnances. La plus importante était celle de 1539, suivie d'une déclaration de 1549, et que l'ordonnance de 1731 a modifiée en plusieurs points. Sous l'empire de la première, l'on tenait que la donation était valable, vis-à-vis du donateur, qu'elle fût faite par acte authentique ou sous seing privé; mais il fallait toujours, pour donner l'être à la donation, une acceptation expresse du donataire, sauf le cas de donation mutuelle ou par contrat de mariage. Outre l'acceptation expresse, exigée par l'ordonnance, il fallait, d'après toutes les coutumes, que le donateur se fût dessaisi de la chose donnée : *Donner et retenir ne vaut.* L'on concluait de ce principe que la donation était nulle, 1° quand le donateur se trouvait

saisi de la chose au moment de son décès (Paris, Sens, etc.);
2° quand il s'était réservé la faculté de disposer de la chose (Paris, etc.), ou qu'il avait donné sous des conditions dépendant entièrement de sa volonté; 3° quand la donation de tous biens était faite à la charge, par le donataire, de payer toutes les dettes que le donateur aurait au jour de son décès (Auvergne, Bourbonnais, etc.). Les donations faites par les futurs conjoints, dans leur contrat de mariage, soit aux enfants à naître, soit au profit de l'un d'eux, étaient valables, sans qu'il y eût nécessité de tradition. La tradition d'ailleurs pouvait être réelle, c'est-à-dire être opérée par une prise de possession actuelle, ou feinte, c'est-à-dire opérée par rétention d'usufruit à vie ou à temps, ou bien par constitut et précaire. Quelques coutumes, appelées coutumes de *nantissement*, de *vest et devest*, exigeaient la tradition réelle : c'étaient celles d'Amiens, de Bourbonnais, de Senlis, de Valois et de Reims.

L'acceptation expresse et la tradition ne suffisaient pas encore pour la pleine validité des donations. Suivant l'ordonnance de 1539 et la déclaration de 1549, la donation ne valait vis-à-vis des créanciers qu'autant qu'elle était insinuée, et l'édit de Moulins de 1549 avait adopté la même disposition vis-à-vis des héritiers. La jurisprudence appliquait partout ces ordonnances, nonobstant les principes contraires de quelques coutumes. L'insinuation ne se suppléait, ni par la publication faite à l'audience, ni par le nantissement, ni par la tradition suivie même d'une possession de plusieurs années. Elle se faisait au greffe du siége royal du domicile du donateur, et aux greffes des siéges royaux de la situation de chaque héritage compris dans la donation, sous peine de nullité pour les héritages non insinués. Elle devait être faite dans les quatre mois à compter du jour de la perfection du contrat, pour ceux qui résidaient dans le royaume, et dans les six mois pour les absents. Après ce délai, elle ne pouvait plus être faite que du vivant du donateur et du donataire, et n'avait d'effet que du jour de l'insinuation, sans pouvoir être opposée aux créanciers intermédiaires.

Toute personne âgée de vingt-cinq ans accomplis, et, suivant quelques coutumes (Anjou, Maine, Bretagne, Normandie), les majeurs de vingt ans accomplis, pouvaient faire une donation entre-vifs. Suivant les premières coutumes, qui formaient le droit commun, le mineur âgé de vingt ans, et se trouvant émancipé ou marié, pouvait donner ses meubles seulement, et tout mineur pouvait disposer par contrat de mariage, mais d'après l'avis des parents. Les furieux ou imbéciles, même non pourvus de curateurs, les religieux, les condamnés à mort, et même les prévenus condamnés postérieurement, ne pouvaient donner valablement. Les aubains, qui avaient la capacité de donner, ne pouvaient cependant faire une donation de tous leurs biens présents ou à venir. La donation faite par un malade dans la maladie dont il était mort, ou par la femme mariée non autorisée, était nulle.

L'on pouvait généralement donner entre-vifs tous ses biens, sauf l'action hypothécaire des créanciers, et sauf la légitime, ou la plainte d'inofficiosité des enfants. Cependant, quant aux propres, plusieurs coutumes (Reims, Blois, Berry, Tours, etc.) restreignaient les donations à la moitié, d'autres au tiers (Châlons) ou au quint (Montfort, Ponthieu); quelques-unes même restreignaient la libre disposition des acquêts, au défaut des propres (Angoumois, Maine), et celle des meubles, au défaut des propres et des acquêts. Ces dispositions créaient une véritable réserve en faveur des descendants et des collatéraux : s'il n'y avait pas d'héritiers de cette qualité, la donation était valable pour le tout. Quelques coutumes (Auvergne, Sédan) validaient les donations de tous biens présents et à venir ; dans les autres, la jurisprudence était extrêmement incertaine.

La jurisprudence avait emprunté au droit romain deux causes de révocation des donations entre-vifs. La révocation pour survenance d'enfant, fondée sur la fameuse loi *Si unquam* (voy. la const. 8, au Code de Justinien, liv. VIII, tit. 56, éd. Kriegel), qui était loin d'avoir le sens général qu'on lui donne, était universellement appliquée en France, avec tous les effets que lui a conservés le Code civil. La deuxième cause de révocation était l'ingratitude.

2° *Donation pour cause de mort.* — La donation pour cause de mort se distinguait de la donation entre-vifs, en ce que, faite dans la pensée et la crainte d'une mort prochaine, elle ne se confirmait que par celle-ci, et demeurait révocable à la volonté du donateur. Quelques coutumes la distinguaient des testaments (Nivernais, Ponthieu), d'autres y requéraient les formes des testaments, avec lesquels un plus grand nombre la confondaient entièrement (Paris, Orléans, Calais, etc.). Dans celles qui n'en parlaient pas, on jugeait qu'elle devait être faite en état de santé, par-devant notaire, et qu'elle était nulle lorsqu'elle émanait de personnes malades de la maladie dont elles décédaient. Suivant les coutumes de Normandie, de Sens, d'Auxerre, de Poitou et de Montargis, une donation conçue entre-vifs était réputée à cause de mort, lorsque le donateur mourait dans les quarante jours. Il en était de même, suivant la jurisprudence, lorsque le donateur faisait la donation au moment où il allait subir l'opération de la taille, et l'on trouve, dans les anciens auteurs, tout un catalogue des maladies qui, ayant ou n'ayant pas trait prochain à la mort, rangeaient la donation dans la classe de celles que l'on réputait à cause de mort ou entre-vifs. L'hydropisie était parmi les premières ; la paralysie, la grossesse, parmi les secondes. Ces exemples suffiront. L'on considérait aussi, comme donations à cause de mort, celles faites par les novices, pendant leur noviciat.

3° *Donation entre époux.* — Contrairement à la disposition du droit romain, quelques coutumes autorisaient entre époux toute espèce de donations entre-vifs ou testamentaires (Montfort, Poitou, Noyon) ; d'autres, les donations pour cause de mort seulement (Mantes, Ponthieu, Amiens, Loudunois, Reims, Péronne) ; mais le plus grand nombre interdisaient les unes et les autres (Paris, Melun, etc.). Parmi les coutumes qui admettaient ces donations, la plupart exigeaient que le donateur n'eût pas d'enfants légitimes ; un petit nombre seulement les permettaient, nonobstant l'existence d'enfants, à la seule condition que ceux-ci eussent leur légitime sauve.

Une seule espèce de donations était universellement autorisée entre époux, à cause de son caractère de réciprocité : nous voulons parler du don mutuel. Pourtant les coutumes du bailliage et de la prévôté de Chauny l'interdisaient. Le don mutuel consistait dans la jouissance de la portion des meubles et conquêts immeubles, dévolus par le partage de la communauté aux héritiers du prédécédé. En quelques endroits (Vitry, Laon, Châlons, Reims, etc.), un don mutuel pouvait conférer les meubles en propriété et les conquêts en usufruit ; ailleurs, il portait valablement sur l'usufruit des propres, et même sur la propriété d'une partie de ces biens (Nivernais, Montargis, Tours, etc.). La coutume de Blois, plus libérale encore, autorisait la donation mutuelle de tous biens, propres et autres, en pleine propriété ; et, par suite de la faveur attachée au contrat de mariage, il était permis partout de faire porter, par cet acte et sur la propriété, le don mutuel qui autrement n'aurait pu avoir pour objet que la jouissance seule.

Il était exigé, pour la validité du don mutuel, qu'il fût de somme égale entre les conjoints ; que ceux-ci fussent en bonne santé, et, par quelques coutumes (Auxerre, Nivernais), qu'ils fussent à peu près égaux d'âge au moment de l'acte ; enfin qu'il n'existât aucun enfant issu de leur mariage ou d'un mariage précédent. L'existence d'enfants, au moment du décès de l'un des époux, annulait également le don mutuel. Le don mutuel, pour être valable, devait de plus être insinué par l'un ou l'autre des conjoints, ou par un tiers en leur nom ; après cette insinuation seulement, il devenait irrévocable, ce qui n'enlevait pas d'ailleurs au mari, chef de la communauté, la faculté de disposer des biens communs. Quelques coutumes (Tours, Anjou, Maine, etc.) ne permettaient de révoquer le don mutuel, même non insinué, que d'un commun accord, et la coutume de Paris avait adopté cette règle, pour le cas où le don aurait été fait par contrat de mariage.

Après la mort du prédécédé, le donataire devait faire inventaire, les héritiers présents ou dûment appelés. Quelques coutumes (Melun, Montfort, Troyes) le déclaraient saisi, sauf à donner caution ; suivant d'autres, au contraire, il était obligé de demander la délivrance aux héritiers. La jouissance ne commençait d'ailleurs que du jour où avait été baillée bonne et suffisante caution : le don mutuel, consenti par contrat de mariage, pouvait seul porter dispense de la caution.

Le donataire mutuel était tenu d'avancer les frais des obsèques et funérailles du prédécédé, et la moitié des dettes dues par les héritiers, sauf à les répéter à la fin de l'usufruit. Quelques coutumes avaient les mêmes dispositions relativement aux legs ; mais, suivant le plus grand nombre (Paris), le donataire mutuel n'en devait pas l'avance. Il était tenu, d'ailleurs, de rendre les choses en aussi bon état qu'elles étaient au commencement de sa jouissance.

Indépendamment des règles que nous venons de résumer, les donations entre époux étaient soumises aux restrictions suivantes. Faites par contrat de mariage, elles étaient, en général, pleinement valables ; la survenance d'enfant elle-même ne les annulait pas pour le tout ; elle entraînait seulement leur réduction jusqu'à concurrence du disponible. Mais les coutumes (Paris,

Orléans, Laon , Châlons, etc.), comme les lois romaines et les ordonnances (particulièrement l'édit de 1560, appelé *Édit des secondes noces*), restreignaient les donations faites en secondes noces au profit des enfants du premier lit. La femme se remariant ne pouvait donner à son second mari, ni un père aux enfants de celui-ci, plus que la part de celui de ses enfants d'un premier lit qui prendrait le moins. Cette disposition atteignait toute espèce d'avantages, directs ou indirects, même la communauté de biens ou douaire préfix, excédant le douaire coutumier. Cette disposition, d'ailleurs, avait été étendue par la jurisprudence aux hommes se mariant en secondes noces.

4° *Testaments et codicilles.* — Les coutumes consacraient, comme le Code, deux espèces de testaments : les testaments *olographes* et les testaments *solennels*, qui pouvaient être faits pardevant notaires, ou par-devant le curé ou vicaire. L'on avait expressément noté que ces derniers seraient valables, s'ils étaient faits par-devant deux notaires, ou par-devant un notaire et deux témoins, ou par-devant le curé (ou vicaire) et un notaire, ou enfin par-devant le curé (ou vicaire) et trois témoins : gradation assez remarquable, à laquelle l'influence des légistes ne fut sans doute pas étrangère. Une espèce particulière de testament était le testament mutuel, par lequel deux personnes se léguaient réciproquement leurs biens pour le cas de survie ; il était surtout usité entre époux, et devait être écrit et signé entièrement par les deux parties, ou rédigé sous forme solennelle.

Les notaires apostoliques ne pouvaient en général recevoir les testaments ; l'édit de 1535 et celui de 1536 le leur défendaient; cependant quelques coutumes (Meaux, Melun) avaient une disposition contraire, et la jurisprudence tendait à donner effet à cette forme de testament, nonobstant les ordonnances précitées. Notons encore que les chapelains de l'Hôtel-Dieu ou des hôpitaux pouvaient recevoir les testaments de ceux qui y résidaient, et que les vicaires n'avaient ce pouvoir qu'autant qu'ils avaient reçu du curé lettres de vicariat, enregistrées au greffe royal de la justice ordinaire de la paroisse. Les mâles âgés de vingt ans, jouissant des droits civils au temps du testament, *non notés* (*d'infamie*) et non légataires, pouvaient seuls être témoins.

La sanction de ces différentes dispositions était la nullité.

Les coutumes réglaient avec un soin minutieux les formalités des testaments, et de cette réglementation sévère, conservée également par le Code, il résultait, comme le fait remarquer un ancien auteur que, « les solennités du testament, introduites pour « empêcher les fraudes et suggestions fréquentes dans les der- « nières volontés, sont cause très-souvent que celles qui pro- « viennent de la pure volonté des hommes demeurent sans exé- « cution, par la faute ou par l'ignorance des testateurs ou de ceux « qui les reçoivent, et qu'au contraire les testaments suggérés « sont exécutés. »

Il fallait 1° que le testament fût dicté par le testateur : il aurait été nul s'il avait été fait sur les interrogations du notaire ou d'un tiers ; 2° qu'il fût écrit en entier par la personne publique qui le recevait, ou du moins en sa présence ; 3° qu'il fût relu au testateur, et que mention fût faite qu'il avait été dicté et nommé et relu ; ces termes étaient sacramentels, sauf celui de *nommé* ; 4° dans les coutumes qui déclaraient nul le testament suggéré (et c'était le plus grand nombre), il devait être dit expressément que le testament avait été fait *sans suggestion ;* 5° il devait être signé par le testateur et les témoins, ou déclaration être faite qu'interpellés de signer, ils ne l'ont pas fait. Les testaments contenant substitution devaient de plus être publiés en justice à jour de plaidoirie, et enregistrés aux greffes royaux des lieux, dans les six mois du jour du décès. Enregistrées en dehors de ce délai, les substitutions n'avaient effet que du jour de l'enregistrement. C'était d'ailleurs un principe reconnu que les testaments devaient être faits selon les formalités des lieux où ils étaient passés, soit en France ou à l'étranger, et l'on appliquait aux testaments militaires les règles favorables du droit romain. Les codicilles enfin étaient considérés comme une suite des testaments, et soumis aux mêmes formalités.

L'on jugeait que le testament, même solennel, pouvait être révoqué par une simple déclaration de volonté contraire. Un usage assez général était jadis celui de la clause dérogatoire, laquelle était une déclaration faite en un testament qu'il devait être observé nonobstant un testament postérieur, si celui-ci ne contenait telle ou telle clause ; et la forme la plus ordinaire de cette précaution singulière contre le danger futur d'une suggestion était celle-ci : « Je veux et entends que ce présent testament soit « exécuté selon sa forme et teneur, sans qu'il puisse être révoqué « par tout autre que je pourrai faire ci-après, si la clause suivante

« n'y est insérée : *Si iniquitates observaveris, Domine,* etc. [1] »
Le testament mutuel pouvait être librement révoqué par chacune
des parties, mais il fallait que cette révocation fût signifiée à
l'autre sous peine de nullité.

La capacité de tester était, en général, régie par le droit romain. Les coutumes n'avaient guère que deux dispositions ex-
presses à cet égard : la première, qu'il suffisait d'être sain d'esprit, *âgé* et usant de ses droits ; la seconde, que l'âge requis était
de vingt ans accomplis pour tester des meubles et acquêts, et de
vingt-cinq ans pour tester d'une partie des propres. Au lieu de
vingt, quelques coutumes se contentaient de dix-huit ans pour
les filles (Melun, Montfort) ; d'autres admettaient un âge moins
avancé pour les deux sexes indistinctement. La capacité de recevoir par testament était également réglée par les ordonnances et
par le droit romain. Nous remarquons seulement, dans les coutumes, la disposition suivant laquelle ceux qui s'étaient trouvés
en tutelle ou curatelle, bail ou garde, ne pouvaient donner à leur
tuteur, curateur, gardien et baillistre, durant le temps de l'administration et jusqu'à l'apurement des comptes. De même, les
apprentis et garçons de boutique, les domestiques, les écoliers et
pensionnaires ne pouvaient donner à leurs maîtres et maîtresses.
Les coutumes exceptaient de la première de ces deux règles les
père et mère, aïeul et aïeule du donataire ; mais la coutume de
Paris exigeait qu'ils ne fussent pas remariés. Les dispositions
faites au profit des femmes et enfants des incapables étaient également nulles. Les legs faits au profit des témoins, ou de ceux qui
avaient reçu le testament, étaient nuls. Il en était de même de
ceux faits au profit des concubinaires. Quant aux enfants naturels, ils pouvaient recevoir par testament, suivant quelques
coutumes (Auvergne, Tours) ; ailleurs, les legs faits en leur faveur étaient réduits à l'usufruit, et ailleurs encore ils pouvaient
recevoir à titre particulier et non à titre universel.

La rigueur déployée par les coutumes était d'autant plus
exagérée que, suivant une maxime incontestable, *institution d'héritier n'avait point de lieu* (Loisel). Sauf la coutume de Berry, toute
la France coutumière ne reconnaissait que des legs universels ou
particuliers, et faisait rentrer dans la classe des légataires uni-

---

1. Voy., sur la clause dérogatoire, la lettre du chancelier d'Aguesseau au Parlement
de Provence, relative à l'enregistrement de l'ordonnance des testaments, par laquelle
a été abrogé l'usage de la clause dérogatoire. Voyez aussi Argou, t. Ier, pag. 304.

versels l'héritier institué : en quelques lieux même, l'institution était absolument nulle (Nivernais, Montargis, Bourbonnais, Vitry, Auvergne et la Marche).

Quant aux biens dont on pouvait disposer par testament, les coutumes n'étaient pas uniformes : suivant les unes, le testateur sans enfants pouvait disposer de la totalité de ses meubles, acquêts et conquêts immeubles, et du quint de ses propres (Paris, Melun, Sens); ailleurs, du quart (Bourbonnais, Auvergne), ou même seulement du tiers (Meaux, Vitry); d'après ces coutumes les père et mère et autres ascendants pouvaient disposer de leurs biens en faveur de l'un de leurs enfants, sauf le droit d'aînesse et la légitime des autres (Paris, Meaux, etc.); quelques coutumes cependant défendaient d'avantager un des enfants (Tours, Anjou, Maine, etc.) au préjudice des autres. Le legs excédant le disponible était réductible, et l'héritier pouvait s'en tenir à la partie que lui réservait la loi, les dettes préalablement payées sur la succession tout entière.

Le legs particulier ou universel ne saisissait point : il fallait demander la délivrance, alors même que le légataire se serait trouvé en possession.

Les exécuteurs testamentaires étaient d'un usage général dans les pays coutumiers. Chargés de faire la délivrance des legs et de payer les dettes mobilières, ils étaient saisis, durant l'an et jour du trépas, des meubles et effets mobiliers du défunt, à moins que l'héritier ne préférât leur fournir les deniers suffisants, en demeurant saisi. En cas d'insuffisance des effets mobiliers, l'exécuteur testamentaire pouvait prendre les fruits et revenus des immeubles, et même faire vendre l'héritage par autorité de justice, faute par l'héritier de lui fournir les deniers nécessaires.

5° *Institutions contractuelles.* — Les institutions contractuelles, moyen légal de conserver les familles illustres et anciennes, comme le dit un vieil auteur, étaient universellement usitées dans la France coutumière. Parmi les formes spéciales d'institution contractuelle, l'on remarque la *déclaration de fils aîné et de principal héritier*, la promesse de conserver à l'enfant que l'on marie son préciput et droit d'aînesse, ou sa portion héréditaire, ou une autre portion plus ample. Considérées comme donations entre-vifs, les institutions contractuelles étaient irrévocables ; cependant, un certain nombre de coutumes permettaient au donateur de disposer de ses biens entre-vifs, à titre onéreux. L'héritier ainsi institué était tenu d'ailleurs de toutes les dettes et charges héréditaires ; il est presque inutile de dire que l'institution contractuelle ne pouvait être faite que par contrat de mariage [1].

6° *Légitime des enfants et plainte d'inofficiosité.* — C'était un principe général du droit coutumier, et surtout de la jurisprudence, que les donations entre-vifs ou testamentaires, faites par les père et mère au préjudice de leurs enfants, étaient sujettes, soit à la plainte d'inofficiosité, soit à la réduction pour leur légitime. Quoique empruntées au droit romain, ces maximes juridiques doivent trouver une place ici, parce qu'on y voit la manière dont on adaptait la jurisprudence romaine à un état de choses et à des principes législatifs tout différents. La donation était inofficieuse quand elle était faite à un étranger, ou quand, faite à l'un des enfants, elle portait sur la totalité ou la plus grande partie des biens. La donation, en ce cas, était révoquée, soit pour le tout, soit jusqu'à concurrence de la légitime des enfants, eu égard aux circonstances des personnes et choses données, ainsi qu'au genre de donation. Elle était révoquée pour le tout, quand elle était faite de dessein prémédité pour frustrer les enfants ; et jusqu'à concurrence de la légitime seulement, lorsqu'elle ne devenait inofficieuse que par un événement postérieur. Quant à la réduction des donations et des legs, elle n'avait lieu que dans le cas d'insuffisance des biens : elle s'opérait d'abord sur les legs au marc le franc ; puis, d'après quelques coutumes (Anjou, Maine), sur les donations, en remontant de la plus récente à la plus ancienne : dans les autres coutumes, la question n'était pas prévue, et la jurisprudence hésitait. Quant à la quotité de la légitime, elle était inégalement fixée. Paris, Orléans, Calais et Chauny la fixaient à la moitié de ce qu'aurait eu *ab intestat* l'enfant qui la réclamait ; celle de Bourgogne, au tiers de la même portion ; celles de Reims et de Melun avaient adopté la règle de la Novelle 118, et réglaient la légitime à la moitié ou au tiers de la portion héréditaire, selon que les enfants étaient au nombre de quatre ou de plus. La plupart des coutumes étaient

---

1. Voy. à ce sujet l'excellent et curieux traité d'Eusèbe de Laurière, *Des institutions contractuelles*. Paris, 1715 ; 2 vol. in-12.

muettes sur ce point, et la jurisprudence variait sur la question de savoir s'il fallait appliquer, dans ce cas, la règle du droit romain, ou celle de la coutume de Paris.

SECT. III. — *Obligations et contrats.*

Les coutumes n'avaient pas, à proprement parler, de théorie générale des obligations, ni de théorie particulière des différents contrats, à l'exception de quelques règles particulières à la vente de certains héritages ou de certaines marchandises, et de quelques dispositions spéciales aux *louaiges.* (Voy. la coutume de Tournay et autres.) Tout était, en cette partie, réglé par le droit romain. Nous devons donc supprimer toute exposition de ces matières, qui remplissent une très-forte portion du troisième livre du Code civil.

SECT. IV. — *Contrat de mariage. Communauté. Douaire.*

1° *Dispositions générales.* — Sauf les coutumes de Normandie et de Reims, la communauté de biens entre les époux était le droit commun de la France coutumière. Elle s'établissait sans aucune convention, par la seule disposition de la coutume du lieu où le mari avait son domicile, et où le mariage avait été célébré. Ce dernier principe, qui constituait une sorte de domicile matrimonial, était rigoureusement appliqué, et l'on jugeait par exemple que la communauté n'avait pas lieu, dans le cas où le mari, domicilié à Paris, allait prendre femme en pays de droit écrit, et s'y mariait sans parler de communauté. Outre cette communauté légale, qui avait sa raison d'être dans une présomption de volonté, il y avait la communauté conventionnelle, qui se présentait non-seulement lorsqu'on modifiait en quelque point la première, mais encore lorsqu'on stipulait la communauté en un lieu où elle n'était pas de droit commun. La seule coutume de Normandie prohibait expressément cette stipulation. Une fois établie par la loi ou la convention, la communauté ne pouvait être dissoute par l'effet d'un changement de domicile ; mais il y avait cette différence entre les deux, que la communauté légale ne régissait que les biens situés sous l'empire de la coutume qui l'établissait, tandis que la conventionnelle embrassait même ceux situés sous une coutume contraire. L'on pouvait valablement stipuler l'exclusion de la communauté; mais le mari ne pouvait, dans ce cas, se réserver le droit d'y admettre postérieurement la femme. L'on pouvait aussi stipuler que la communauté serait restreinte à la personne de la femme, ou qu'elle n'y aurait qu'un tiers, un quart, etc.; toutes ces conventions, une fois formées, ne pouvaient plus être modifiées pendant le mariage.

La communauté s'établissait généralement à partir du jour de la célébration; quelques coutumes seulement ne la faisaient commencer qu'après l'an et jour des noces (Anjou, Maine, Perche, Loudunois, Chartres); on jugeait, conformément à l'ordonnance de 1639, qu'elle n'avait pas lieu en cas de mariage clandestin ou contracté *in extremis*, après un concubinage prolongé, etc., etc.

2° *Des biens qui tombaient dans la communauté*. — La communauté comprenait tous les meubles et effets mobiliers appartenant aux futurs conjoints lors de la célébration du mariage, ou à eux dus, ou qui leur échéaient pendant le mariage, de quelque manière que ce fût. Ce principe souffrait cependant quelques exceptions, dont la plupart ont passé dans notre Code, et dont voici le détail : 1° lorsqu'il y avait convention contraire; 2° lorsque les époux ou l'un d'eux étant mineurs, il se trouvait que leur fortune se composait en majeure partie de meubles : dans ce cas, ils pouvaient, après le mariage, se faire relever de la communauté légale et la réduire au tiers de leurs biens; 3° lorsqu'une somme d'argent ou d'autres meubles avaient été légués à l'un des conjoints, à la charge qu'ils lui fussent propres; 4° lorsqu'il s'agissait d'une somme due pour soulte d'un partage fait pendant le mariage, ou pour supplément du juste prix de la vente d'un immeuble. La cause de la créance influait ainsi sur sa nature mobilière ou immobilière. Cette théorie avait été l'objet de longues et savantes discussions dont on peut voir le résumé dans le *Traité de la communauté* de Lebrun.

Outre les meubles, la communauté comprenait les acquêts immeubles, faits par les conjoints ensemble, ou par l'un d'eux séparément : et ce principe s'appliquait même aux immeubles donnés entre-vifs ou par testament à l'un des époux, par tous autres qu'un ascendant, à moins de clause contraire du contrat de mariage ou de la donation. Quelques coutumes (Anjou, Maine, Bourbonnais) faisaient seulement exception pour les immeubles donnés à un collatéral successible. En vertu du même principe, la communauté comprenait les immeubles échus à l'un des conjoints en vertu de son droit de haute justice, et les fiefs tombés en commise.

Par contre, la communauté ne comprenait pas les immeubles, acquêts ou propres, appartenants à l'un des époux au moment de la célébration du mariage, ni par conséquent ceux qui leur étaient donnés par contrat de mariage. Les uns et les autres toutefois pouvaient tomber en communauté au moyen de la clause d'ameublissement, qui était fort usitée. L'on cite, comme une règle pratiquée généralement, que la femme mettait en communauté le tiers de ses biens, et, en cas d'insuffisance du mobilier, ameublissait ses immeubles jusqu'à concurrence de cette quotité. La femme mineure était restituable quand l'ameublissement par elle consenti excédait cette limite; les majeurs, au contraire, pouvaient ameublir tous leurs propres et acquêts. L'on avait controversé la question de savoir si le mari pouvait disposer des immeubles ameublis, comme des autres biens de la communauté; mais l'affirmative avait fini par prévaloir.

Étaient également exclus de la communauté les immeubles échus à l'un des époux pendant le mariage, par succession directe ou collatérale, ou à lui donnés ou légués par un ascendant.

Une disposition à noter, parce qu'elle a été modifiée par le Code civil, c'est que, dans le cas où le mari se serait rendu adjudicataire pour le tout, sur la licitation d'un immeuble appartenant en partie à lui ou à son conjoint, l'immeuble ne tombait dans la communauté que pour la portion nouvellement acquise, le surplus demeurant à celui des conjoints à qui il était propre.

L'on excluait également de la communauté, comme immeubles fictifs, non-seulement les rentes constituées, mais encore les offices dont le mari était pourvu au jour du mariage. Quant à l'immeuble acquis pendant le mariage, il tombait dans la communauté; mais le mari, survivant, pouvait ou l'y laisser, ou le retenir, en remboursant aux héritiers de la femme la moitié des deniers pris dans la communauté pour son acquisition.

3° *Des charges et dettes de la communauté.* — Les dettes mobilières et personnelles dues par les deux époux au jour de leur mariage tombaient dans la communauté, et le mari, chef de celle-ci, était tenu personnellement de celles de sa femme, suivant ce vieil adage, reproduit en plusieurs coutumes : *Qui femme espouse, ses dettes espouse;* mais, pour être exécutoires contre lui, ou même sur les biens de sa femme, il fallait toujours, soit une condamnation préalable, soit une reconnaissance donnée par le mari dans un acte authentique.

La communauté était également chargée des arrérages des rentes ou pensions viagères, des legs mobiliers, des aliments dus aux ascendants de l'un des conjoints, ou à ses enfants issus d'un précédent mariage, ainsi que des dettes grevant une succession mobilière échue à l'un des conjoints.

Les futurs conjoints pouvaient d'ailleurs, par une clause de leur contrat de mariage, stipuler que les dettes contractées par l'un d'eux avant le mariage demeuraient à sa charge; mais alors il fallait que leurs meubles fussent estimés par le contrat de mariage, ou qu'il en fût fait inventaire.

4° *Droits du mari sur les biens de la communauté.* — Le principe général était que le mari, maître des biens de la communauté, meubles et immeubles, en pouvait disposer à sa volonté sans le consentement de sa femme. C'était plus que le droit d'administrer, et, à cet égard, notre Code a ramené le pouvoir du mari à des limites plus conformes à la nature de l'association conjugale. Cette faculté de disposer s'étendait même aux donations entre-vifs, pourvu qu'elles fussent faites sans fraude. La fraude était présumée d'ailleurs dans le cas de donation universelle, ou faite aux père et mère du mari, et aux parents collatéraux dont il était héritier présomptif; et celui-ci ne pouvait disposer par acte de dernière volonté, au préjudice de la part de sa femme dans la communauté : quelques coutumes soumettaient même à cette restriction les donations entre-vifs du mari (Loudunois, Tours, Anjou, Maine, etc.). Suivant une autre règle universellement suivie, le mari ne pouvait donner, sans le consentement de sa femme, les immeubles de la communauté à ses enfants d'un premier lit; mais il pouvait bien en faire, seul, donation aux enfants communs.

5° *De la dissolution de la communauté et de ses effets.* — La communauté était dissoute : 1° par la mort naturelle de l'un des époux, sauf ce qui sera dit plus bas sur la continuation de commu-

nauté; 2° par la mort civile de l'un des époux ; 3° par la séparation de corps et de biens, ou de biens seulement, prononcée
par justice et exécutée.

La communauté dissoute, la femme ou ses héritiers pouvaient l'accepter ou la répudier. Cette option, accordée d'abord
aux femmes nobles seules, fut plus tard étendue aux roturières,
qui, jusqu'alors, avaient été forcées d'accepter dans tous les cas.

Quatre conditions étaient exigées pour la validité de la renonciation. Il fallait qu'elle fût faite :

1° Les choses étant entières : toute immixtion de la femme
ou de ses héritiers dans les biens de la communauté entraînait
de plein droit son acceptation. Il en était ainsi quand elle avait
payé, sans procuration, des dettes de la communauté, quand
elle avait soustrait, pris et recélé des effets communs ;

2° Que la femme eût fait bon et loyal inventaire, dans le cas
où elle se trouvait en possession des biens communs ;

3° Qu'elle fût faite dans le temps prescrit. Suivant quelques
coutumes (Chauny, Nivernais, Chaumont), elle devait être faite
incontinent après la mort du mari, ou la connaissance qu'en avait
eue la femme ; suivant d'autres, dans le délai de huitaine (Saintonge, Angoumois), ou de trente ou quarante jours (Artois,
Bretagne, Melun, Sens, etc.), ou de trois mois (Mantes, Châlons, Vermandois). D'autres coutumes en assez grand nombre,
et notamment celle de Paris, ne fixaient pas de délai; l'on y jugeait que la femme pouvait renoncer aussi longtemps qu'elle n'aurait pas accepté expressément ou tacitement. Les Ordonnances
avaient coupé court à ces divergences, et statué que la femme
aurait quarante jours pour délibérer à l'effet d'accepter ou de
renoncer ;

4° Que les formalités exigées eussent été observées. Ces formalités, suivant quelques coutumes (Bourgogne, Meaux, Chaumont), conservaient l'empreinte de l'ancien symbolisme : la
veuve devait venir sur la tombe de son mari, et y déposer sa
bourse et les clefs du logis. Ce fut dans cette forme que Margue-
rite, duchesse de Bourgogne, renonça solennellement à la communauté, en venant remettre sa bourse et ses clefs sur la *représentation* du défunt, Philippe le Hardi, son mari (Monstrelet). Mais
le rationalisme avait fini par triompher dans ces coutumes même,
et la renonciation se faisait partout, en dernier lieu, par acte
notarié ou déposé au greffe, et signifié ensuite au mari ou à ses

héritiers. Quelques coutumes seulement exigeaient qu'elle fût faite en justice, le mari ou ses héritiers dûment appelés (Bourbonnais, Boulenois, Sens, Perche).

Par la renonciation valablement faite, la femme et ses héritiers étaient déchargés de toutes les dettes communes, mais en retour ils ne prenaient rien de ce qui était entré dans la communauté de son chef, pas même ses bagues et ses joyaux. Cependant l'une et l'autre disposition recevaient quelques exceptions. Ainsi la femme et ses héritiers étaient tenus des dettes par elle contractées conjointement avec son mari, sauf leur recours contre celui-ci ou ses héritiers. Ils étaient tenus également des dettes contractées pour aliments fournis à son mari, ou à elle et sa famille, le mari étant insolvable, et des frais faits en la dernière maladie du mari. D'un autre côté, la femme reprenait ses habits servant à son usage ordinaire; quelques coutumes néanmoins ne l'autorisaient à prendre qu'un de ses habits, de qualité moyenne (Bourbonnais, Vermandois, Amiens, Ponthieu). Mais les droits de la femme pouvaient être augmentés par une clause du contrat de mariage.

La stipulation de *reprise en renonçant* était tellement usitée, que la femme pouvait se faire relever de son omission, lorsqu'elle avait été mariée mineure par son tuteur ou curateur, ou par le survivant de ses père et mère, et dotée de ses propres deniers. Elle pouvait être faite soit au profit de la femme, soit au profit de la femme et de ses descendants, soit au profit de la femme et de tous ses héritiers. Dans tous les cas, elle ne pouvait être invoquée que par ceux qui s'y trouvaient expressément désignés. Elle ne comprenait aussi que ce qui y était précisément exprimé, et ne s'appliquait que dans les cas de dissolution positivement prévus.

En cas d'acceptation de la communauté, et avant le partage, les deux époux ou leurs héritiers prélevaient, 1° les deniers stipulés propres; 2° les deniers provenant de propres aliénés pendant le mariage: cette reprise s'exerçait généralement sans qu'il en fût parlé dans le contrat de mariage; quelques coutumes seulement exigeaient une stipulation d'emploi (Blois, Bar, Auvergne); 3° le préciput du survivant; 4° les dons et avantages faits par l'un des conjoints à l'autre dans le contrat de mariage; 5° les habits de deuil de la veuve et de ses héritiers. En cas d'insuffisance des biens de la communauté, la femme exerçait ses reprises sur les propres du mari : le mari, au con-

traire, n'exerçait les siennes sur les propres de la femme qu'autant qu'elles lui étaient dues pour augmentations faites dans
les propres de celle-ci, ou pour les dons qu'elle avait consentis
en sa faveur.

Parmi ces reprises, la seule qui exige quelques détails est le
préciput. Suivant un certain nombre de coutumes (Paris, Calais,
Melun), l'époux survivant prélevait les meubles en pleine propriété, lorsqu'il n'y avait pas d'enfants, à la charge de payer les
dettes mobilières et les funérailles du prédécédé. Ce droit n'appartenait toutefois qu'aux nobles. Le *préciput* pouvait être réglé
par le contrat de mariage, dans les coutumes qui n'en parlaient pas.

Chaque époux devait aussi faire certains rapports à la masse à
partager. Le principe était que l'on devait rapporter à la communauté les sommes qui en avaient été tirées et dont l'un ou
l'autre avait profité : ce qui comprenait, par voie de conséquence,
les choses données par l'un des époux à ses enfants issus d'un
précédent mariage, les impenses nécessaires et utiles faites sur les
propres de l'un des époux, les frais de labours et semences faits
dans leurs héritages, la récolte ayant lieu après la dissolution de
la communauté, la soulte payée aux cohéritiers d'un des conjoints pendant le mariage, etc., etc.

La masse à partager, déterminée ainsi par les reprises et les
rapports, les deux époux ou leurs héritiers en prenaient chacun
la moitié, pour en jouir en pleine propriété. Quelques coutumes
seulement assuraient au survivant l'usufruit de la part du prédécédé (Anjou, Maine). Le partage comprenait le passif aussi bien
que l'actif de la communauté; cependant la femme et ses héritiers
n'étaient pas tenus des dettes au delà de leur émolument.

Il faut noter encore, quant aux fruits des propres, pendants
par les racines au jour de la dissolution de la communauté,
que quelques coutumes les déclaraient communs (Meaux, Anjou, etc.), tandis que le plus grand nombre les attribuaient pour
le tout à celui des époux auquel appartenait l'héritage (Paris,
Calais, etc.).

6° *Continuation de la communauté.* — La plupart des coutumes statuaient que la communauté serait continuée, après la
mort de l'un des époux, s'il y avait des enfants mineurs issus de
leur mariage : l'existence d'un mineur suffisait pour faire conti-

nüer la communauté vis-à-vis des enfants majeurs eux-mêmes. Cette continuation de communauté constituait véritablement une deuxième communauté, dans laquelle le survivant était pour moitié et les enfants pour l'autre moitié. Si l'époux survivant se mariait en secondes noces, il y en avait une troisième entre lui, ses enfants et son nouveau conjoint : dans celle-ci, le survivant et son nouvel époux prenaient part chacun pour un tiers, et les enfants du premier lit pour l'autre tiers. Enfin, si le second époux avait également des enfants d'un premier lit avec lesquels il continuât la communauté, il se formait une quatrième sorte de communauté, où chacun des conjoints était pour un quart, et les enfants de l'un et de l'autre pour un quart également. L'on voit à quelles complications donnait lieu cette institution bizarre.

La communauté ne se continuait qu'autant qu'elle existait encore au moment du décès de l'un des conjoints. La continuation n'avait donc pas lieu lorsque la communauté avait été dissoute par la séparation de corps et de biens ou par la mort civile, ou qu'elle avait été exclue par le contrat de mariage. Elle n'avait pas lieu non plus quand les enfants communs avaient renoncé à la communauté après le décès de leur mère, ou lorsque le survivant avait fait inventaire avec les formalités requises pour dissoudre la communauté entre lui et ses enfants. Ces formalités étaient que l'inventaire fût fait dans les trois mois du décès, par une personne publique à ce autorisée, signé à chaque vacation par les parties, l'huissier et le notaire, daté, clos en justice dans les trois mois de sa confection. Quelques coutumes se contentaient d'un acte dérogeant à la communauté (Bourbonnais) ; mais la jurisprudence ne suivait pas leur prescription et exigeait généralement l'inventaire.

La communauté continuée comprenait : 1° tous les effets mobiliers de la première communauté qui auraient été partagés entre les enfants et le survivant, en cas de dissolution ; 2° tous les fruits des propres du survivant et les meubles à lui échus ; 3° les immeubles par lui acquis autrement que par succession ou par donation directe ; 4° les fruits des conquêts et des propres des enfants. Les successions mobilières à eux échues n'y tombaient pas.

Quant au passif de la communauté continuée, il se composait : 1° des dettes mobilières des deux époux, antérieures à leur mariage ; 2° des dettes mobilières et immobilières contractées pendant le mariage. Ces règles s'appliquaient aussi à la troisième et quatrième communauté, en les combinant avec celles relatives à la composition de la première communauté.

Le survivant pouvait disposer librement des meubles de la première et de la seconde communauté, et des conquêts de la seconde ; car pour les conquêts de la première, il n'en pouvait disposer au préjudice de la moitié dévolue aux enfants, en leur qualité d'héritiers du prédécédé. Ce droit de disposition était d'ailleurs limité par le droit des enfants, tout comme celui du mari, dans la première communauté, était limité par le droit de la femme.

La communauté se dissolvait : 1° par la mort naturelle ou civile du survivant, alors même qu'il serait marié en deuxièmes noces ; 2° par la mort du dernier des enfants et descendants ; 3° par la confection d'un inventaire ; 4° par la demande en partage formée par les enfants majeurs.

La deuxième communauté dissoute , son passif et son actif se partageaient par moitié entre le survivant et ses enfants, à la charge des reprises et remplois de part et d'autre et du *préciput* pour le survivant. Dans la troisième communauté, les enfants prenaient moitié dans tous les conquêts immeubles de la première et de la deuxième communauté, et un tiers dans les meubles, suivant ce qui a été dit ci-dessus.

7° *Des douaires.* — L'ancien droit français avait, dans les pays coutumiers comme dans ceux régis par les lois romaines, un ordre de dispositions, dont on regrette l'absence dans notre Code, et dont l'objet était, comme le disent les anciens auteurs, *de donner aux veuves le moyen de vivre honorablement selon la condition de leurs défunts maris.* Cette institution, dans les pays de droit écrit, prenait le nom d'*augment de dot;* dans les pays coutumiers, on l'appelait *douaire.* Dans les uns et les autres, elle s'était introduite par l'usage, c'est-à-dire qu'elle était sortie des entrailles mêmes de la société, et au milieu de la bigarrure et de la diversité des détails, elle attestait, avec plusieurs autres lois, l'uniformité des principes fondamentaux que l'éducation chrétienne du moyen âge avait enracinés dans le monde occidental. L'objet particulier de ce travail nous commande de nous restreindre au douaire; mais nous n'avons pas voulu laisser échapper cette occasion de montrer qu'en un très-grand nombre de points importants, la diversité du droit de l'ancienne France était dans la forme et dans les détails, plutôt que dans le fond des choses.

La plupart des coutumes admettaient de plein droit le douaire; quelques-unes seulement exigeaient qu'il fût expressément stipulé (Saintonge, Marche, Boulenois, Berry). Dans les premières, l'on distinguait le douaire *coutumier* et le douaire *conventionnel* ou *préfix*.

Le douaire coutumier se composait de la moitié des héritages appartenant au mari au jour du mariage, ou à lui échus postérieurement par succession ou donation en ligne directe. Quelques coutumes le fixaient au tiers seulement de ces héritages (Normandie, Saint-Aignan, Angoumois); d'autres, à la moitié des rotures et au tiers des biens nobles (Amiens, Loudunois). L'on remarque, sur cette diversité, que la première fixation résulte d'une ordonnance de Philippe-Auguste (1214); tandis que la seconde émanait de Jean sans Terre et s'est maintenue dans les provinces alors possédées par les Anglais : jusque-là, l'on ne connaissait que le douaire préfix. Mais cette explication ne paraît pas exacte, au moins en ce dernier point [1]. Quoi qu'il en soit, le douaire coutumier était dû, à moins de stipulation contraire expressément insérée dans le contrat de mariage; mais par la suite des temps l'usage fut de restreindre par les conventions matrimoniales le douaire coutumier devenu trop onéreux.

Le douaire *préfix*, ou conventionnel, était d'une somme de deniers, ou d'une rente, ou d'un héritage à ce constitué par le mari. Il se prenait toujours sur les biens du mari ou sur sa part dans la communauté. Généralement, il pouvait excéder le coutumier : quelques coutumes cependant le restreignaient à celui-ci (Tours, Bourgogne, Maine, Loudunois).

Suivant la coutume de Paris, le douaire préfix faisait cesser le coutumier, à moins de convention contraire (Paris, etc.); en quelques lieux, au contraire, la femme avait l'option entre les deux (Reims, Chauny, Meaux, Bruges, etc.), et l'on tenait que cette règle devait être suivie dans les coutumes, assez nombreuses, qui n'en parlaient point.

Le douaire était dû à toutes femmes légitimes des regnicoles, même bâtards ou condamnés à la confiscation pour crime, alors même que la femme n'aurait rien apporté en mariage et

1. Voy. *Institutes de Loysel*, édition de Dupin et Laboulaye, tom. Ier, n° 136, p. 166 et suiv.

n'aurait pas versé la dot promise par elle ou par ses parents. La renonciation expresse dans le contrat de mariage en dépouillait seule la femme, avec quelques actes plus ou moins criminels, émanés d'elle : ainsi la femme qui abandonnait son mari sans cause légitime, qui se rendait coupable d'une supposition de part, ou du crime d'adultère, ou d'une conduite impudique pendant l'année de deuil, ne pouvait réclamer le douaire.

Dans le dernier état du droit, le douaire coutumier ou préfix saisissait la femme dès le décès de son mari, sauf un très-petit nombre de coutumes (Maine, Normandie, Blois). La délivrance s'en faisait à la veuve sous sa caution juratoire ; mais si elle se remariait, on pouvait exiger caution suffisante, et, dans le cas où elle ne pouvait la fournir, elle ne jouissait de son douaire que par mains tierces ou par les héritiers du mari.

Régulièrement le douaire coutumier ou préfix s'éteignait à la mort de la femme. Il en était autrement lorsque le douaire avait été stipulé sans retour, et suivant quelques coutumes (Sens, Auxerre, Bourbonnais), lorsqu'il avait été convenu en une somme d'argent ou autre chose mobilière. Régulièrement aussi, le douaire était propre aux enfants, sauf en quelques coutumes qui le déclaraient seulement viager à la femme (Meaux, Vitry, Poitou, Sens, etc.) ; le douaire était propre aux enfants, même quand leur mère était morte avant son mari ou qu'elle en était déchue par sa faute. Le droit de propriété des enfants sur le douaire n'avait lieu d'ailleurs que sous trois conditions, savoir : 1° que le douaire fût dû à leur mère par la coutume ou par contrat de mariage, 2° qu'ils survécussent à leur père, et 3° qu'ils renonçassent à sa succession ; mais ces conditions remplies, leur propriété remontait au jour du contrat ou (à défaut de contrat) au jour du mariage, et leur jouissance commençait au jour du décès de leurs père et mère : tous actes par lesquels les père et mère auraient préjudicié à la propriété du douaire étaient nuls et sans effet, et ils devaient récompense aux enfants pour les détériorations qu'ils auraient faites aux objets du douaire. Les enfants avaient à cet effet, après le décès des père et mère, une action réelle et hypothécaire contre tous acquéreurs et possesseurs des biens soumis au douaire.

Il faut encore dire quelques mots du douaire coutumier en cas de secondes et autres noces du père. Celui des enfants du premier lit était de la moitié des immeubles appartenant au mari lors du premier mariage, ou à lui acquis postérieurement ; celui des enfants du deuxième lit était du quart des mêmes immeubles et de la moitié des conquêts appartenant au père, faits pendant le premier mariage ; de plus la moitié des acquêts faits entre le premier et le second mariage, enfin de la moitié des immeubles échus par succession en ligne directe, pendant le second mariage.

La prescription du douaire coutumier ou préfix commençait à courir, contre la femme et contre les enfants majeurs, du jour du décès du mari.

Sect. v. Du gage et de l'hypothèque.

Le gage et l'hypothèque étaient en grande partie régis par le droit romain et par les Ordonnances ; mais les coutumes avaient aussi, sur cette matière, des dispositions assez nombreuses, qui doivent trouver place dans ce résumé. Nous insisterons principalement sur les règles particulières à notre ancien droit. L'on reconnaissait, avec les lois romaines, trois sortes d'hypothèques : l'hypothèque conventionnelle, légale et judiciaire.

1° *Hypothèque conventionnelle.* Elle ne pouvait se constituer en France que par un contrat passé par-devant notaire ; mais tout contrat notarié entraînait de plein droit et sans stipulation expresse une hypothèque générale sur tous les biens présents et à venir du débiteur. Il fallait cependant, comme de raison, que le notaire eût agi dans les limites de ses attributions ; et en Normandie, l'on exigeait, outre la réception par le notaire, le *contrôle* du contrat.

2° *Hypothèque légale ou tacite.* L'on rangeait dans cette classe l'hypothèque du fisc pour les impôts et autres droits à lui dus et pour les contrats qu'il aurait passés ; l'hypothèque du mari sur les biens de celui qui avait promis la dot, et celle de la femme sur les biens de son mari pour la restitution de la dot ; l'hypothèque du pupille, du prodigue et du furieux sur les biens des tuteurs, protuteurs ou curateurs, et, par extension, l'hypothèque du mineur sur les biens du gardien, en cas de malversation dans sa jouissance ; l'hypothèque des légataires sur les immeubles du testateur ; l'hypothèque des héritiers sur les biens de la succession, pour la garantie réciproque des lots,

3° *Hypothèque judiciaire.* Elle résultait des sentences et jugements de condamnation, et prenait date, soit du jour du jugement, s'il n'y avait point d'appel ou que la sentence fût confirmée, soit du jour de l'arrêt, si la sentence était infirmée et la condamnation réduite.

Suivant un certain nombre de coutumes, appelées *coutumes de nantissement* (Reims, Laon, Amiens, Abbeville, Senlis, Valois, etc.), l'hypothèque n'était acquise que moyennant un nantissement opéré suivant des formes plus ou moins nombreuses ; mais cette garantie donnée aux droits du créancier recevait un grand nombre d'exceptions. Ainsi l'on en exemptait les hypothèques judiciaires et beaucoup de créanciers privilégiés, savoir : les mineurs, sur les biens de leurs tuteurs ou curateurs ; les femmes, sur les biens de leurs maris, pour leur dot et douaire ; les seigneurs, pour leurs droits seigneuriaux ; le créancier qui avait prêté pour la conservation de l'édifice, et le vendeur pour le prix qui lui était dû.

Pour que l'hypothèque prît naissance, il fallait en outre que celui sur les biens duquel elle devait s'établir pût les aliéner, et suivant une règle universelle de l'ancien droit français, les immeubles corporels ou incorporels étaient seuls susceptibles d'hypothèque, mais les meubles pouvaient être l'objet d'un privilége. Régulièrement, le créancier qui saisissait le premier les meubles de son débiteur était le premier payé de sa dette. Quelques coutumes néanmoins préféraient les créanciers hypothécaires. Le droit du premier saisissant cessait en cas de déconfiture ou d'insolvabilité, et alors tous les créanciers saisissants ou opposants venaient au sol la livre. Il cessait également en présence de créanciers privilégiés sur les meubles. Ces créances privilégiées étaient les suivantes, dans l'ordre même de la préférence à laquelle elles donnaient droit : 1° les frais de justice pour la saisie, exécution et vente des meubles ; 2° les frais funéraires ; 3° les salaires des médecins, chirurgiens et apothicaires pour la dernière maladie ; 4° le privilége du propriétaire sur les meubles garnissant la maison, pour les loyers qui lui sont dus, et pour les années qui restent à courir, ainsi que pour les réparations locatives. Quelques coutumes donnaient également ce privilége au propriétaire d'un héritage non bâti sur les meubles et effets mobiliers du fermier (Paris, etc.), et toutes s'accordaient à le lui donner sur les fruits des héritages, pour ses fermages échus et à échoir ; 5° les dépenses d'*hostelage*, sur les effets et chevaux *hostelés;* 6° le gagiste, sur les biens donnés en gage ; 7° le vendeur sans terme pouvait poursuivre la chose en quelque lieu qu'elle fût transportée, et même la revendiquer contre l'acheteur de bonne foi.

L'ancien droit français avait aussi des créanciers privilégiés sur les immeubles, lesquels primaient les simples hypothécaires. C'était un principe qu'entre privilégiés, la cause de la créance constituait le seul titre de préférence, et d'après cela l'on rangeait les priviléges dans l'ordre suivant : 1° les frais de justice ; 2° celui qui avait prêté pour l'acquisition d'une maison, d'un héritage ou d'une rente, *avec stipulation d'hypothèque privilégiée ;* cependant la jurisprudence lui accordait le privilége, même sans cette stipulation ; 3° l'entrepreneur ou le maçon et les autres ouvriers avaient de même un privilége tacite sur la maison par eux bâtie ou rétablie ; celui qui avait fourni les fonds pour cette construction ne l'avait, au contraire, que dans le cas de stipulation expresse d'emploi ; 4° le vendeur d'office, et, après lui, celui qui avait baillé les fonds pour l'acquisition de l'office avaient également un privilége, et n'étaient primés que par les dettes contractées par le titulaire pour faits de leurs charges.

Entre les créanciers hypothécaires non privilégiés, la préférence se réglait par la priorité du titre, et elle portait tant sur les biens appartenant au débiteur au moment du contrat, que sur ceux qu'il acquérait postérieurement. Le roi seul était préféré aux créanciers plus anciens, sur les biens acquis depuis leur hypothèque ; tandis que, sur les biens acquis auparavant, il ne venait qu'à son rang, tant pour les contrats par lui payés que pour les amendes à lui adjugées. L'hypothèque générale plus ancienne primait l'hypothèque spéciale sur les biens affectés à cette dernière, alors même que les autres biens du débiteur auraient suffi pour désintéresser le créancier.

Quant au règlement de la priorité, l'on suivait, en général, les principes du droit romain ; cependant, ce n'était pas sans quelques modifications. Nous ne consignerons ici que les principes relatifs aux hypothèques tacites.

L'hypothèque du pupille ou du mineur sur les biens du tuteur ou curateur remontait au jour de l'acceptation de la tutelle ou curatelle, et le principe s'appliquait même à l'hypothèque qui était donnée au mineur, en cas de malversation du gardien dans sa jouissance.

L'hypothèque de la femme ne jouissait pas de la préférence générale dont l'avait investie Justinien ; elle ne prenait place qu'à son rang de date, lequel était déterminé suivant les circonstances et la cause de la créance. L'on distinguait cinq cas. 1° Pour la restitution de la dot et pour les réparations dans les fonds dotaux, l'hypothèque tacite de la femme remontait au jour du contrat de mariage, valablement passé par-devant notaires. La coutume de Reims ne faisait remonter cette hypothèque qu'au jour de la célébration ; mais cette disposition n'était pas observée. A défaut de contrat de mariage, l'hypothèque pour la restitution de la dot datait du jour de la célébration, dans les coutumes où la communauté n'avait point lieu ; et dans les autres, comme il n'y avait pas de dot, en ce cas, il n'y avait pas d'hypothèque de ce chef. Le nom de *dot* désignait d'ailleurs non-seulement la dot proprement dite, mais toutes les reprises que la femme aurait droit d'exercer en renonçant. — 2° Pour le douaire, l'hypothèque de la femme et de ses enfants remontait au jour du contrat, et, à son défaut, au jour de la célébration du mariage : cependant, la femme et ses enfants étaient préférés, pour le douaire coutumier, aux créanciers antérieurs du mari, sur les biens donnés au mari, dans son contrat de mariage, par ses père et mère. Le douaire n'était payé qu'après la dot, mais avant toute autre créance de la femme.—3° Pour le remploi de ses propres aliénés, la femme avait hypothèque du jour du contrat, soit que le remploi y eût été stipulé, soit que cette stipulation eût été omise. — 4° Pour son indemnité des dettes et obligations par elles contractées pendant le mariage, l'hypothèque de la femme remontait au jour du contrat de mariage, lorsqu'elle avait été expressément stipulée dans la convention; et plusieurs arrêts avaient consacré l'application de cette règle, même en l'absence de toute stipulation, tandis que d'autres ne donnaient, en ce cas, l'hypothèque que du jour de l'acte qui lui donnait naissance.—5° Enfin, pour son préciput, la femme avait également hypothèque du jour du contrat de mariage.

L'action hypothécaire, indivisible de sa nature, était réputée *mixte,* et l'on remarquait qu'elle concourait avec la personnelle, lorsque le détenteur de l'immeuble était le débiteur. La division de la créance entre les héritiers n'entraînait pas la division de l'hypothèque, même lorsque le créancier se trouvait être lui-même héritier. Le tiers détenteur pouvait se libérer de l'action hypothécaire, soit par le déguerpissement, lorsqu'il s'agissait d'une rente foncière ou charge réelle, soit par le délaissement, lorsqu'il s'agissait d'une rente constituée ou d'une autre créance. Outre cette première différence, portant sur la cause, le déguerpissement différait du délaissement, en ce que le premier se faisait au seigneur propriétaire et bailleur de l'héritage à la charge de la rente foncière, et le second au créancier hypothécaire : le premier entraînait l'abandon de la possession et de la propriété; le second, celui de la possession seulement, la propriété demeurant au délaissant jusqu'à l'adjudication; enfin celui à qui le déguerpissement était fait pouvait prendre l'héritage en propriété, tandis que celui à qui le délaissement était fait ne pouvait que le saisir réellement, pour le mettre aux criées et le faire adjuger par décret, suivant des formalités nombreuses dont le détail est en dehors de notre sujet.

Quant à la purge des hypothèques, elle résultait, au moins dans les coutumes de nantissement, de la criée régulièrement accomplie, s'il s'agissait de la vente forcée : *lesquelles criées ainsi faites seront de telle force et vertu que sans débat elles purgeront les dicts héritages*, dit la coutume de Tournay. Mais, *ès aliénations voluntaires*, les hypothèques ne pouvaient être purgées *qu'en vertu de lettres patentes contenant clause d'auctorisation, et par trois édits et criées signifiant icelles aux créanciers congneus*. Dans tous les cas, les actions personnelles demeuraient sauves aux créanciers, et les réelles aux mineurs absents. Le *committimus* des lettres de purge était adressé aux échevins et autres juges par-devant lesquels les ventes étaient faites et passées, et les deniers étaient consignés en dépôt chez ces officiers (même coutume).

SECT. VI. — *Des retraits.*

L'ancien droit français distinguait trois sortes de retraits : le retrait féodal, dont il a été parlé plus haut; le retrait conventionnel et le retrait lignager, sur lesquels nous devons donner maintenant quelques détails.

1° *Retrait conventionnel.* — Le retrait conventionnel, appelé par les coutumes *faculté de rachat, de réméré* ou *de rescousse*, n'était autre chose que la clause par laquelle le vendeur d'un immeuble se réservait la faculté de le reprendre et racheter, soit dans un délai déterminé, soit sans détermination de délai. Au dernier cas, la faculté était prescrite par trente ans, suivant la disposition expresse de la coutume de Paris et de plusieurs autres. La clause pouvait d'ailleurs être insérée dans le contrat de vente lui-même, ou être consentie par un acte postérieur, authentique ou privé. Son effet passait de part et d'autre aux héritiers, et même au cessionnaire du vendeur. Celui-ci, en rentrant dans son héritage, n'était tenu de respecter ni le bail fait par l'acheteur, ni les charges réelles par lui consenties. Il prenait les fruits pendants par les racines. Le retrait conventionnel primait généralement le féodal et le lignager.

2° *Retrait lignager.* — Le retrait lignager, qu'on a voulu faire remonter aux lois juives et aux lois romaines, était une institution purement coutumière. Il avait, en effet, pour objet de conserver les propres dans les familles, et, à cette fin, il conférait aux parents lignagers du vendeur le droit de les retirer des mains de l'acheteur dans un certain délai. La première condition pour l'exercice de ce droit était que la chose eût été transférée à une personne étrangère à la ligne, par une vente ou par un acte équipollent à la vente (dation en payement ou échange contre des effets mobiliers autres que de l'argent). Quelques coutumes n'admettaient pas le retrait en cas d'adjudication par décret forcé (Orléans, Loudunois, Tours); mais celle de Paris était contraire, ainsi que beaucoup d'autres. Le retrait n'avait pas lieu dans le cas de vente faite au prince ou pour l'intérêt public, ni dans le cas de vente de succession, ni dans celui d'échange d'héritage contre héritage. En un mot, il fallait qu'il y eût, d'une part, translation de la propriété d'un immeuble, et, de l'autre, *bourse déliée.* Cependant ces deux principes recevaient un assez grand nombre d'exceptions, parmi lesquelles nous citerons la disposition de plusieurs coutumes, qui admettaient le retrait dans le cas de bail à rente non rachetable et de bail emphytéotique (Châlons, Laon, Montfort, Sens). La plus grande diversité régnait sur les détails ; qu'il nous suffise d'avoir posé la règle générale.

En second lieu, il fallait que la chose fût sujette à retrait. Régulièrement, le retrait ne pouvait s'exercer que relativement aux propres ; deux ou trois coutumes seulement l'admettaient aussi pour les acquêts (la Rochelle, Normandie). Le mot *propre* dans cette matière désignait, d'ailleurs, l'immeuble échu par succession directe ou collatérale, ou par donation en ligne directe.

Il fallait, en troisième lieu, que le retrayant fût parent lignager du vendeur. Le degré de parenté, d'ailleurs, était indifférent, sauf dans quelques coutumes qui restreignaient ce droit au septième ou au neuvième degré (Bourbonnais, Bretagne). La cession faite par le lignager à un étranger était nulle et entraînait pour le premier la perte de son droit. Quelques coutumes, appelées *souchères*, exigeaient que le retrayant fût descendu en ligne directe de celui qui avait mis l'héritage dans la famille (Orléans, Melun, etc.); d'autres voulaient seulement que l'on fût parent du vendeur, du côté et ligne de ce premier acquéreur (Paris, Meaux, Melun, etc.); suivant d'autres, enfin, il suffisait que l'on fût parent du vendeur du côté d'où le bien lui était échu, sans l'être de celui qui avait mis l'héritage dans la famille (Reims). Ce n'était pas la seule divergence qui existait en ce point entre les coutumes : les unes préféraient le plus diligent (Paris, Meaux, Melun, Noyon, Orléans, Reims, Châlons); les autres, le plus proche en degré, pourvu qu'il se présentât avant le retrait effectué par un lignager plus éloigné, et elles ne regardaient le retrait comme effectué qu'après le remboursement du prix et des loyaux coûts.

L'action de retrait était mixte, et comme telle pouvait s'exercer, soit contre le premier possesseur, soit contre tout tiers possesseur. Régulièrement, elle se portait devant le juge du domicile de l'acquéreur; suivant quelques coutumes, devant celui de la situation (Anjou, Maine, Normandie), et, suivant d'autres, devant le premier ou le second, au choix du retrayant (Reims, Laon, Châlons). Elle devait être introduite, à peine de déchéance, dans l'an et jour de l'aliénation : le point de départ de ce délai était d'ailleurs fixé diversement par les coutumes. Ce délai courait contre toute personne, même contre les incapables, sauf leur recours contre leurs tuteurs ou curateurs.

Pour que l'action fût recevable, il fallait que le retrayant fît offre de bourse, deniers, loyaux coûts parfaits et à parfaire, dans l'exploit même d'ajournement et dans tous les actes de procédure postérieurs. Quelques coutumes exigeaient même qu'il présentât en espèces et consignât la somme entière du principal et une certaine somme pour les loyaux coûts (Troyes, Auvergne,

Vitry). Ces conditions étaient prescrites à peine de déchéance.

Le retrayant avait droit aux fruits pendants par les racines, suivant quelques coutumes, du jour de l'ajournement (Paris, Reims, Châlons, Orléans, etc.); suivant d'autres, du jour de la consignation réelle et actuelle (Meaux, Troyes, Berry, etc.). Il n'était tenu de rembourser que les impenses nécessaires faites par l'acquéreur, d'après une ordonnance du juge, sur rapport d'experts, et suivant marché passé par-devant notaires.

Le retrait adjugé, le retrayant était subrogé à la place de l'acquéreur, comme si dès le principe la vente lui avait été faite. Par suite, les charges et hypothèques établies par l'acquéreur, et les baux par lui consentis, retombaient à néant; mais le retrayant était tenu des charges du contrat d'aliénation, et l'héritage retiré n'était en sa personne qu'un acquêt. Cependant il conservait par fiction la qualité de propre dans deux cas : 1° revendu par le retrayant, il demeurait sujet au retrait; 2° à la mort du retrayant, il était attribué à l'héritier des propres, à la charge d'en payer le prix à l'héritier des acquêts dans l'an et jour du décès.

Le retrait lignager était primé par le conventionnel, mais passait avant le féodal.

Il faut encore mentionner le retrait de *mi-denier*, sous-genre du retrait lignager, qui avait lieu quand un héritage était acheté pendant le mariage de deux conjoints dont l'un se trouvait être parent lignager du vendeur. Pendant le mariage, il n'y avait point lieu au retrait; mais, après la dissolution du mariage, la moitié tombée hors de la ligne par le partage de la communauté y était sujette, à la charge par le retrayant de payer la moitié du sort principal, et des frais et loyaux coûts. Le retrait de mi-denier était en tout semblable au retrait lignager ordinaire, sauf que le retrayant devait rembourser toutes les impenses nécessaires, utiles et voluptuaires.

SECT. VII. — *De la prescription.*

Presque toutes les coutumes admettaient la prescription acquisitive de dix ans entre présents et de vingt ans entre absents : quelques-unes seulement exigeaient trente ans (Berry, Montargis), ou se contentaient, au regard de l'action hypothécaire, d'un tenement de cinq ans (Anjou, Lodunois, Maine) [1]. Quant à la présence et à l'absence, la coutume de Paris réputait présents ceux qui demeuraient dans la même coutume; d'autres, ceux qui demeuraient dans un même bailliage (Meaux, Melun). Parmi les choses imprescriptibles, nous citerons les droits de souveraineté, les biens du domaine, la faculté de racheter le domaine aliéné, celle de racheter une rente constituée à prix d'argent, ou une rente foncière assignée sur les maisons de Paris, ou un legs pitoyable de rente en grains, deniers, sur maisons de la même ville (de même à Orléans). Le cens était également imprescriptible dans les coutumes non allodiales, et dans les coutumes allodiales il n'était prescrit, contre le titre, que par cent ans. Les servitudes ne se pouvaient acquérir par prescription, quelque longue qu'elle fût, sauf dans quelques coutumes qui admettaient la prescription trentenaire (Laon, Châlons), et d'autres celle de quarante ans (Amiens). Il fallait d'ailleurs, pour opérer la prescription, un juste titre, la bonne foi, et une possession continuée sans interruption. Sous tous ces rapports, on appliquait à peu près exactement les règles du droit romain: nous remarquerons seulement que, conformément au droit canonique, la bonne foi était exigée pendant tout le temps de la possession.

La possession seule de trente ans, sans inquiétude ni interruption, valait titre; mais un titre de possession, contraire à la prescription, y mettait un obstacle qui ne se pouvait couvrir par le temps. Les actions personnelles se prescrivaient par trente ans, à moins qu'un délai plus court n'eût été expressément fixé. Vis-à-vis de l'Église, elles duraient régulièrement quarante ans.

Enfin, parmi les prescriptions plus courtes, nous citerons les suivantes:

1° Les procureurs ne pouvaient, dans les affaires non jugées, demander leurs salaires et honoraires pour les procédures par eux faites, au delà des six années précédant leur demande; 2° ils ne pouvaient être poursuivis que pendant cinq ans pour la restitution des procès jugés; 3° les arrérages de rentes constituées à prix d'argent se prescrivaient par cinq ans; 4° les séquestres étaient déchargés après trois ans à compter du jour de leur établissement; 5° les meubles étaient prescrits par trois ans, sauf dans quelques coutumes qui exigeaient, même dans ce

---

1. Voy. le traité de Laurière, sur le *Tenement de cinq ans*, Paris, 1698, in-12.

cas, la possession trenténaire, comme la coutume de Berry. Mais l'*usucapion* n'avait lieu qu'autant que le meuble était *possédé* publiquement et sans fraude pendant l'espace de trois ans continuels, sans interruption et *aussi sans inquiétation d'autrui qui dye icelui meuble à lui appartenir* (coutume de Melun).

Tel est l'exposé sommaire de l'ancien droit coutumier qui a régi la France pendant plusieurs siècles, jusqu'au moment où les progrès de la raison publique, secondés par de favorables circonstances politiques, ont permis de donner à nos lois civiles l'uniformité que le temps et les révolutions avaient rendue possible, et la rectitude équitable que la sagesse de nos jurisconsultes avait préparée par de longs et mémorables travaux.

TABLE DES MATIÈRES.